Suze Yalof Schwartz
Be mindful – Einfach mal abschalten

Suze Yalof Schwartz

Be mindful
Einfach mal abschalten

Wie Meditieren dein Leben entstresst

Aus dem Englischen übertragen
von Karin Weingart

Lotos

Die amerikanische Originalausgabe erschien 2017 unter dem Titel
»Unplug. A Simple Guide to Meditation for Busy Skeptics and Modern
Soul Seekers« im Verlag Harmony Books, an imprint of the Crown
Publishing Group, a division of Penguin Random House LLC, New York.

MIX
Papier aus verantwor-
tungsvollen Quellen
FSC® C014496

Verlagsgruppe Random House FSC®-N001967.

Lotos Verlag
Lotos ist ein Verlag der Verlagsgruppe Random House GmbH.
ISBN 978-3-7787-8277-4
Erste Auflage 2018
Copyright © 2017 by Suzanne Yalof Schwartz
Copyright © der deutschsprachigen Ausgabe 2018 by Lotos Verlag,
München, in der Verlagsgruppe Random House GmbH,
Neumarkter Straße 28, 81673 München
Alle Rechte sind vorbehalten. Printed in Germany.
Redaktion: Angelika Holdau
Einbandgestaltung: Guter Punkt, München unter Verwendung von
Motiven von © Marina Demidova/thinkstock und
© Valentin Volkov/thinkstock (Papier)
Satz: Satzwerk Huber, Germering
Druck und Bindung: GGP Media GmbH, Pößneck

www.ansata-integral-lotos.de
www.facebook.com/Integral.Lotos.Ansata

Für meinen Mann Marc, Liebe meines Lebens und Erfüller all meiner Träume. Hab Dank für deine nie nachlassende Gesprächsbereitschaft, Unterstützung, Liebe und Güte.

Und für meine Jungs:
Weil ihr dafür sorgt, dass mein Leben seine Leichtigkeit nie verliert, dass es Spaß macht, aber immer auch eine Herausforderung bleibt. Und weil ihr mich so oft daran erinnert, das Atmen nicht zu vergessen.

Inhalt

Auf die Plätze … fertig … abschalten

So gut wie alles funktioniert wieder, wenn du es nur mal kurz abschaltest. Und für uns Menschen gilt das auch.
ANNE LAMOTT

Der Moment, in dem ich das Abschalten lernte, hat mein ganzes Leben verändert.

Zu dem Zeitpunkt wusste ich noch nicht, dass ich fast fünf Jahre später versuchen würde, auch andere davon zu überzeugen. Doch wenn man einen dermaßen guten Trick entdeckt, möchte man ihn einfach mit möglichst vielen teilen. Durch das Abschalten ist es mir gelungen, aus der verrückten Achterbahn von Stress und Getriebensein auszusteigen und ein neues Leben zu beginnen, in dem ich – wenigstens meistens – ruhig bin und die Zügel in der Hand halte. Ich schaffe jetzt mehr und das viel besser als früher, denn ich bin fokussiert, klar im Kopf und genieße es tausendmal so sehr, weil ich präsent bin. Dieses Buch habe ich geschrieben, um Ihnen das Abschalten und Meditieren beizubringen, damit auch Sie sich Ihres Lebens erfreuen können, während es sich abspielt, und nicht mehr vor lauter Sorgen, Angst und Geschäftigkeit auf das Beste verzichten müssen.

Es besteht überhaupt kein Grund, sich mit Stress herumzuschlagen, wenn es doch so leicht ist, ihn loszuwerden.

Tagtäglich bitten mich Leute, ihnen das Meditieren beizubringen. Denn es schwirren ja so viele verwirrende Informationen umher. Deshalb habe ich genau den geradlinigen Leitfaden verfasst, den ich mir in meinen Anfängen gewünscht hätte. Klartext und direkt auf den Punkt. Nach Hunderten von Unterrichtsstunden in allen möglichen Arten der Meditation und nach der Gründung meines Studios kann ich heute wohl mit Fug und Recht behaupten, dass ich die Kunst des Meditierens begriffen habe. Und für Sie lautet die gute Nachricht: So viel zu begreifen gibt es da gar nicht – weil es nämlich überhaupt nicht kompliziert ist! Ich habe dieses Buch für alle geschrieben, die eigentlich gern meditieren würden, es aber für zu kompliziert, zu versponnen halten, die meinen, nicht genügend Zeit dafür zu haben oder keine fünf Minuten täglich still sitzen zu können. Das verstehe ich. Und wie ich das verstehe! Denn es gibt wohl kaum eine Person, bei der es so unwahrscheinlich war wie bei mir, dass sie je mit dem Meditieren anfangen würde. Aber wie sagte doch eine ehemalige Mitschülerin auf unserem dreißigjährigen Klassentreffen so schön: »Wenn Yalof meditieren kann, dann können alle anderen das auch.« Sollten Sie es im Moment also noch für ausgeschlossen halten, dass ich Sie dazu kriege: Ich schaffe das. Ich bin bereit, die Herausforderung anzunehmen und Ihnen zu zeigen, dass es eigentlich gar keine ist.

Ich wäre in lautes Lachen ausgebrochen, hätten Sie mir früher gesagt, der Schlüssel zu Effektivität, Produktivität, Zufriedenheit und größerem Erfolg läge nicht etwa in höherem Tempo und noch größerer Anstrengung, sondern in Entschleunigung und Präsenz. Ich war der klassische Fall einer überehrgeizigen Typ-A-Persönlichkeit: Ständig dabei, zu machen und zu tun, ewig ungeduldig raste ich mit hundertachtzig durch mein Leben. Dieses irrsinnige Tempo und all die Anforderungen, die an mich gestellt wurden, ließen mich aufblühen, und jede Chance, die sich mir bot, packte ich voller Begeisterung bei den Hörnern. Zwischendurch einmal eine Pause einzulegen, um mich zu fragen, was ich eigentlich tun wollte und was nicht, wäre mir nie in den Sinn gekommen, und *Nein* kam in meinem Wortschatz nicht vor. Was nicht passte, habe ich passend gemacht. Oder genauer gesagt: Ich habe meine Assistentinnen einen Weg suchen lassen, es passend zu machen. Das stresste sie und brachte sie oft zum Weinen. Kein Wunder also, dass eine frühere Mitarbeiterin auf Facebook postete, als die *New York Post* über die Eröffnung meines Meditationsstudios *Unplug* berichtet hatte: »Ich wünschte nur,

11

sie hätte auch schon meditiert, als ich noch für sie tätig war.« (Tut mir so leid, Lexa, wirklich!)

Allein die Vorstellung, ein paar Minuten lang still sitzen zu müssen, um abzuschalten, kam mir seinerzeit ebenso irrwitzig wie qualvoll vor. Meditieren? Reine Zeitverschwendung. Ich hatte doch so viel zu tun und zu erreichen.

Heute weiß ich natürlich, dass ich es viel schneller an die Spitze geschafft und den Weg dorthin auch bedeutend mehr genossen hätte, wenn ich damals schon gelernt hätte, das Tempo zu drosseln und abzuschalten. Hört sich ganz schön verrückt an, oder? Weniger tun – mehr erreichen. In aller Ruhe durchstarten. Das Einzige, was wir tun müssen, um den Heiligen Gral zu finden, dem wir doch alle nachjagen – innerer Frieden, Glücksgefühle und größtmöglicher Erfolg –, ist, ein paar Minuten täglich still dazusitzen.

Und das ist keineswegs nur meine Meinung, es gibt zahlreiche wissenschaftliche Belege dafür. Studien zeigen, dass Meditieren tatsächlich gesünder, glücklicher und leistungsfähiger macht. Weil es das Gehirn neu verdrahtet, und zwar genau so, dass Sie dadurch cleverer und konzentrierter werden, dass sich Ihre Produktivität steigert und Sie eine positivere Lebenseinstellung gewinnen. Meditieren reduziert Ängste, Stress, Panikattacken, Aggressionen, Depressionen, Fressanfälle und Schmerzempfindlichkeit. Es verbessert das Gedächtnis, hilft, schneller bessere Entscheidungen zu treffen, erhöht das

Mitgefühl und verschafft Ihnen einen echten Vorteil, was den Umgang mit den Herausforderungen angeht, vor die das Leben Sie stellt. Es hilft, Ordnung ins Gehirn zu bringen, und trägt zur Beseitigung des Chaos in Ihrem Leben bei. Mit dem Ergebnis, dass einfach alles besser in Fluss kommt.

Das hört sich nach einer Menge Versprechen an, ich weiß. Aber schon an Tausenden von – anfangs durchaus oft skeptischen – Menschen habe ich miterleben können, dass sie sich tatsächlich erfüllen. Dass heute dreißig Millionen Amerikanerinnen und Amerikaner täglich meditieren, hat schon seinen Grund. Schließen Sie sich ihnen doch an – dafür müssen Sie ja nicht in den USA leben. Denn das Meditieren funktioniert bei jeder und jedem, die es damit ernst meinen. Und ich kann selbst nach fünf Jahren noch kaum glauben, dass Innehalten und Nichtstun so eine Riesensache ist.

Deshalb möchte ich auch Sie in dieses Geheimnis einweihen, das Ihr Leben verändern – und alles zum Besseren wenden – wird. Es wird Sie nicht nur ruhiger, gesünder und produktiver machen, sondern Ihnen auch bei der Beantwortung der größeren, tiefer gehenden Fragen helfen, wie etwa *Was macht mich glücklich?* oder *Was will ich eigentlich wirklich?*. Und womöglich bringt das Abschalten und Präsentwerden auch Sie dazu, das Leben zu führen, für das Sie bestimmt sind, wie es bei mir der Fall war.

Zwei Jahrzehnte habe ich darauf verwendet, es in der Modewelt bis nach oben zu schaffen. Ich war bei der

Vogue, bei *Elle*, bei *Marie Claire* und bin schließlich bei der *Glamour* gelandet, wo ich Models vor Fotoshootings zurechtmachte, für die Rubrik »Do's and Don'ts« zuständig war und als »gute Fee des Umstylings« bekannt wurde – so jedenfalls stand es in der *New York Times*. Ich war ständig unterwegs, machte Makeovers für die *Oprah Winfrey Show*, die *Today Show*, *Good Morning America* und viele andere Fernsehsendungen. Außerdem berichtete ich über Modenschauen in New York, Paris, Mailand und London. Mein Leben war totale Hektik, und ich liebte es!

Obwohl es wiederholt zu echt wahnsinnigen Situationen kam, verschwendete ich keinen Gedanken an so etwas wie »Stressmanagement«. Weil mich mein Beruf offen gestanden dermaßen mit Begeisterung erfüllte, dass ich gar nicht auf die Idee gekommen wäre, mich zu fragen, ob ich gestresst war oder nicht. Ich liebte mein Leben. Und der Druck, unter dem ich stand, gehörte einfach dazu. Entspannung fand ich darin, dass ich unter dem Vorwand, ein Schwätzchen mit den Kolleginnen halten zu wollen, durchs Büro tigerte, um ganz nebenbei etwas Süßes abzustauben.

Zerstreut und völlig durchgeknallt zog ich die Punkte auf meiner To-do-Liste durch. Und obwohl ich mich immer rühmte, eine positive, glückliche Person zu sein, trieb ich die Leute um mich herum an, geriet schnell außer Kontrolle, machte aus Mücken eine Elefantenherde, ging mitunter einfach so auf meine Kinder oder meinen

Mann los, und jede Deadline ließ mich völlig durchdrehen. Alles andere als attraktiv, sage ich Ihnen! Das Ganze machte ich dadurch wett, dass ich noch mehr auf die Tube drückte und hinterher kleinlaut um Verzeihung bat.

Ich hatte einen glamourösen Job, einen wunderbaren Ehemann und drei fantastische Kinder. Was mir aber fehlte, war die Fähigkeit, im Augenblick zu leben und ihn zu genießen. In meiner Hast, mich schon wieder dem nächsten zuzuwenden, raste ich von Moment zu Moment, ohne den gegenwärtigen auch nur zu registrieren. Da waren all diese Wahnsinnsaugenblicke im Job und in der Familie, aber die meisten sind mir gar nicht recht bewusst geworden, weil ich mich gedanklich schon wieder beim nächsten Highlight aufhielt. Ich zischte in einem solchen irrsinnigen Tempo durch mein Leben, dass ich gar nicht mitbekam, wie viel mir eigentlich entging, all die Fülle. Aber so ist es nun einmal: Wenn man praktisch nur noch aus Checklisten besteht, merkt man gar nicht, dass man immer an der Oberfläche bleibt.

2010 bekam mein Mann Marc den Job seines Lebens angeboten. Und zwar in Los Angeles. Also machten wir uns auf ins nächste Abenteuer.

Den Kulturschock, den ich erlebte, als ich von Manhattan nach Kalifornien zog, habe ich so, glaube ich, nicht vorhergesehen: Manhattan, gefühlt der Mittelpunkt der Welt, und dagegen der »Goldene Staat« mit seinen ganz eigenen Vibes und einem vollkommen anderen Tempo. Ein noch größerer Schock aber war für mich die berufliche Veränderung: Zuvor hatte ich einen aufregenden Job – und jetzt stand ich da und fragte mich, was ich nun, an diesem neuen Ort und mit all dem anderen Neuen, mit meinem Leben anfangen sollte. Da die Kinder den ganzen Tag in der Schule waren, schlug ich die Zeit mit Schaufensterbummeln, einem Kurs in Armbändchenknüpfen, in Supermärkten und Restaurants tot. Und nicht nur, dass mich das frustrierte und rastlos machte – ich nahm auch noch zu! Zwar bekam ich viele Anfragen, ob ich nicht wieder in der Mode anfangen wolle, aber keine fühlte sich für mich richtig an. Bis ich einen Anruf von *Lord & Taylor* bekam, die mich fürs Filmen von Taxiwerbung engagieren wollten. Da dasein Riesenauftrag und mit zahlreichen New-York-Flügen verbunden war, sagte ich zu. Wieder voll in Action zu sein fand ich toll. Aber irgendetwas hatte sich verändert.

Da war ich nun: Permanent zwischen West- und Ostküste pendelnd, versuchte ich mich in L. A. zu etablieren, von unterwegs aus die Aktivitäten meiner drei überaus energiegeladenen Jungs zu koordinieren und auch noch Zeit für meinen Mann zu finden. Und mittendrin bekam ich plötzlich das Gefühl, von Stress überwältigt zu werden. Zum ersten Mal wurde mir klar, dass ich das alles nie und nimmer würde schultern können. Ich befand mich nicht direkt in einer Krise – es war einfach nur so, dass sich der ganz normale Stress mit einem

Mal zu einem Riesenberg aufgetürmt hatte, wie es im Leben von vielen der Fall ist. Und Sie wissen es ja selbst: Der ganz alltägliche Stress kann schon reichen, um uns zu überfordern und um den Verstand zu bringen.

Zum Glück habe ich das der richtigen Person gegenüber gerade noch rechtzeitig geäußert. Und meine Schwiegermutter, von Beruf Psychotherapeutin, sagte zu mir: »Ich verrate dir jetzt mal einen Trick.« Ich sollte die Augen schließen, und dann zeigte sie mir, dass ich mithilfe meines Atems und einer kleinen Visualisierungsübung das Gefühl des Gestresstseins über Bord werfen und sofort zur Ruhe kommen konnte. Innerhalb von nur drei Minuten. Toll war das!

Als ich die Augen wieder öffnete, schossen mir drei Dinge durch den Kopf:

1. Wie einfach das ist – ich fasse es nicht.
2. Warum weiß ich das nicht schon längst?
3. Mehr davon! Wer bringt mir das richtig bei? Und wie? Und wo?

Ich solle doch meditieren lernen, schlug mir meine Schwiegermutter vor. Also machte ich mich auf die Suche und googelte: »Wo kann man in Los Angeles meditieren?«. Wie sich herausstellte, gab es in der ganzen Stadt nichts, wo man einfach reinschneien, es lernen und wieder gehen konnte. Angeboten wurden stattdessen ein Kurs in Transzendentaler Meditation für tausendvierhundert Dollar, ein viertägiges Intensivtraining bei einem Lehrer für vedische Meditation und ein Sechswochenkurs am Mindful Awareness Research Center der UCLA, der Universität von Kalifornien in Los Angeles. Dass es keine schnellere oder einfachere Möglichkeit geben sollte, das Meditieren zu erlernen, wunderte mich doch sehr.

Mein Aha-Erlebnis hatte ich, als sich mir die Frage aufdrängte: *Warum hat eigentlich noch keiner eine Art Drybar* fürs Meditieren aufgemacht? Wenn man sich in so einem Salon, der ausschließlich Föhnen und Glätten anbietet, die Haare machen lässt, fühlt man sich nach höchstens dreißig Minuten wie neu geboren, schön und glamourös. Reingehen, genießen und schnell wieder raus. (Ja, ja, ich weiß: Die New Yorkerin in mir kann ich nicht verleugnen.) Aber im Ernst: Warum bot man all den viel beschäftigten Leuten nicht die Chance, das Meditieren quasi im Vorbeigehen in ihren Alltag zu integrieren? Warum gab es keine simple Methode und keinen Ort, an dem jemand wie ich meditieren lernen konnte, ohne sich langfristig verpflichten oder ein kleines Vermögen ausgeben zu müssen? Noch einmal befragte ich Tante Google, aber nein, einen solchen Ort gab es nicht. Weder in Los Angeles noch irgendwo anders in den Vereinigten Staaten. Nicht einmal in Europa oder Asien. Da fiel es mir wie Schuppen aus den Haaren: Auch die Meditation benötigte ein Makeover, ein Umstyling. Und ich würde es ihr verpassen.

Marc, der weiseste Gatte aller Zeiten, fragte, ob ich nicht vielleicht doch das Meditieren vorher selbst erst einmal erlernen wolle. Und … na ja, da war schon was dran. Also gab ich so richtig Gas und legte los. Ich meldete mich für den Kurs des verwirrend heiß aussehenden Australiers an (ich schwöre: unattraktive Lehrer für vedische Meditation gibt es keine) und absolvierte das volle Programm an der UCLA. Ich belegte jeden Kurs und jedes Seminar, die ich irgendwo finden konnte: angefangen bei Yogastudios über buddhistische Tempel bis hin zu Gruppensitzungen am Strand von Santa Monica. Ich habe an den kompletten einundzwanzig Tagen Meditation bei Deepak Chopra teilgenommen, mir die Headspace-App runtergeladen, mir alle Podcasts von Pema Chödrön bis Tara Brach zu Gemüte geführt, jedes Buch von Thich Nhat Hanh, Robert Thurman, Dan Siegel, Jon Kabat-Zinn, Joseph Goldstein, Eckhart Tolle, Maharishi Mahesh Yogi, Davidji, Steve Ross und Olivia Ross gelesen, das ich auftreiben konnte. Und während ich lernte, mich kurzzeitig vom Trubel des Alltags zu befreien und abzuschalten, wurde ich ganz nebenbei auch zur Expertin in Sachen Meditation.

In wie viele verschiedene Stile, Techniken und Lehrer ich mich zu der Zeit nicht verliebt habe! Aber zugleich war mein Umstyling-Köpfchen auch immer dabei, das Gesagte neu aufzubereiten – und nicht nur das, auch die allzu große Langsamkeit stieß mir auf, Kleidung, Örtlichkeiten, Tonfall, die ewigen Räucherstäbchen,

Sprechgesänge und das Frage-Antwort-Spielchen im Anschluss, das weitere fünfundvierzig Minuten in Anspruch nahm und sich eher wie eine Gruppentherapie anfühlte … also das gesamte Drum und Dran. Meditieren ist so einfach. Und mir leuchtete partout nicht ein, warum es so verkopft und kompliziert oder – schlimmer noch – langweilig und in vollkommen überflüssiger Transusigkeit präsentiert werden musste. Ein Lehrer, weiß ich noch, legte in seiner Einführungsrede nach jedem (Pause) Wort (Pause) eine Pause von fünf Sekunden ein. Mannomann, fand ich das frustrierend!

Ich wünschte mir ein Setting, das zu Leuten wie mir passte – ohne all den Klimbim, einfach eine Zusammenstellung der besten Meditationslehren, ähnlich wie ein gut gemachter TV-Beitrag. Der dauert etwa fünf Minuten, in denen nach einer kurzen Einführung das Warum und Wie erklärt und praktische Tipps gegeben werden, sodass am Schluss des Beitrags jeder losziehen und es nachmachen kann. So, fand ich, sollte das mit dem Meditierenlernen auch gehen.

Hallo, Unplug (»abschalten«)!

Unplug, das weltweit erste nicht an eine Religion gebundene Drop-in-Meditationsstudio, habe ich gegründet, um das Meditieren in seiner einfachsten, reinsten Form zu unterrichten. Nicht esoterisch, sondern für jeden zugänglich. Ich wollte einen Raum erschaffen, der es den viel beschäftigten Leuten von heute ermöglicht, ein paar Minuten lang abzuschalten, sich aus dem Alltag auszuklinken, ihre Batterien neu aufzuladen und die unleugbar positiven Effekte des Meditierens zu erfahren.

Das Meditieren hat mich und mein Leben in so vielerlei Hinsicht verändert. Wenn ich gestresst bin, erkenne ich das heute viel schneller und lasse mich davon nicht mehr unterkriegen oder überfahren, sondern kann sofort etwas dagegen unternehmen. Ein zufriedener, glücklicher Mensch war ich eigentlich schon immer. Jetzt aber bin ich zudem auch noch dankbar, weil ich gelernt habe, innezuhalten und meine Umgebung bewusst wahrzunehmen. Auch bin ich bedeutend leistungsfähiger und produktiver geworden. Viel gearbeitet habe ich auch früher schon, jetzt aber tue ich es konzentrierter und schaffe deshalb in kürzerer Zeit mehr. Im Vergleich zu früher maloche ich heute zehnmal so viel, aber ganz bewusst und deshalb mit größerem Erfolg. Dinge, die mir nicht so lagen, habe ich meistens vor mir hergeschoben oder versucht, sie zu vermeiden, aber heute komme ich auch damit besser klar. Und selbst wenn einmal etwas nicht so klappt, lasse ich mich davon nicht mehr frustrieren. In fast allen Situationen gelingt es mir mittlerweile, nicht mehr sofort loszupoltern, sondern achtsam zu reagieren, sodass ich heute eine viel bessere Mama, Ehefrau und Chefin bin als früher.

Vor allem aber lasse ich mir nichts mehr entgehen. Das ist der größte Zugewinn überhaupt. Egal, was ich tue oder in wessen Gesellschaft ich mich gerade befinde:

Ich bin präsent – und nicht im Kopf schon wieder bei gestern oder dabei zu überlegen, was ich als Nächstes erledigen muss. Schweifen meine Gedanken doch einmal ab, bemerke ich es jetzt schneller und kann mich sofort zurückpfeifen. Ich schaue den Menschen in die Augen, höre ihnen gut zu und nehme sie ganz bewusst wahr. Das Essen schmeckt mir besser, und alle Farben kommen mir heute irgendwie bunter vor. Insgesamt ist es so, als lebte ich in HD, besser kann ich es nicht beschreiben.

Damit aber genug von mir. In diesem Buch geht es um Sie und darum, wie Sie abschalten können – mit nur einigen Minuten Meditation täglich. Sie haben zu diesem Band gegriffen, nehme ich an, weil Sie von der Kraft des Meditierens gehört haben und es nun erlernen möchten – aber ganz ohne das mysteriöse Bohei, von dem es gewöhnlich umgeben ist. Und genau das bekommen Sie auch: In weniger als fünf Minuten werden Sie meditieren lernen – mit sofortiger Wirkung.

Ich betrachte es als meine Mission, unter Beweis zu stellen, dass jede und jeder – auch Sie – meditieren können. Sogar – ja, *gerade* – wenn Sie meinen, es sei zu schwer für Sie, Sie hätten keine Zeit dafür, Sie könnten nicht still sitzen oder es wäre einfach nichts für Sie. Ich habe selbst miterlebt, wie ein viel beschäftigter Börsenmakler seine Panikattacken loswurde, sobald er mit dem Meditieren angefangen hatte. Und ich kann bezeugen, dass sich ein großer, stämmiger, über und über tätowierter Personal Trainer, der im Straßenverkehr oft ausrastete, von seinen Aggressionen befreite. Eine Frau habe ich kennengelernt, die nach drei vergeblichen Versuchen mit In-vitro-Fertilisation beim vierten schließlich schwanger wurde, nachdem sie regelmäßig zu meditieren begonnen hatte. Ich habe mit Menschen gesprochen, die unter Schlafstörungen litten und nun jede Nacht friedlich schlummern, sowie mit Schmerzpatienten, die schwören, dass Meditieren ihnen besser hilft als jede Tablette. Ich kann bezeugen, dass einige der gestresstesten Personen überhaupt ihre Ängste verloren haben und sich nun einer ausgesprochen heiteren Gemütslage erfreuen, lächeln und strahlen. Solcherlei Geschichten höre ich Tag für Tag – zumeist begleitet von dicken Tränen der Erleichterung und einer herzhaften Umarmung.

Los geht's mit »Platz nehmen«. In diesem Teil des Buches erfahren Sie, was Ihnen das Abschalten genau bringt. Auch erläutere ich darin, was Meditation eigentlich ist – und was nicht. Ich räume mit den vielen Irrtümern auf, die so umherschwirren – angefangen bei der Idee, Sie müssten das Gehirn abschalten oder lange vollkommen bewegungslos dasitzen, damit das Meditieren funktionieren kann. Stimmt nämlich überhaupt nicht. Darüber hinaus weihe ich Sie in all die unglaublichen Wohltaten ein, die Ihrer harren, und fasse die wissenschaftlichen Erkenntnisse zusammen, aus denen hervorgeht, wie und warum das mit dem Meditieren so gut funktioniert.

Unter der Überschrift »Abschalten und wiederaufladen« erwartet Sie die *Unplug*-eigene »einfache Formel für schnörkelloses Meditieren« nebst wichtigen Tools und Techniken, die Ihnen die schnelle Integration dieser Übung in Ihr Alltagsleben erleichtern. Tipps nicht nur von weisen, erkenntnisreichen, witzigen und inspirierenden Meditationslehrerinnen und -lehrern, sondern auch von Leuten, die mir auf meiner Reise ins Land des Abschaltens begegnet sind, finden Sie über den ganzen Text verstreut. Zudem zeige ich Ihnen eine Reihe anderer Meditationsmethoden, die Sie einmal ausprobieren können, sowie einige Quickies für zwischendurch, die bestimmt bald zu Ihren Geheimrezepten für sofortige Ausgeglichenheit und Glückseligkeit gehören. Da wäre zum Beispiel die Espresso-Meditation für Situationen, in denen Sie sich unter Druck fühlen und ganz fix runterkommen wollen. Oder die Starbucks-Meditation, eine supereinfache Methode, um präsent und achtsam in den Tag zu starten. Nicht zu vergessen natürlich auch einer meiner ganz großen Lieblinge, die »Spür-die-Liebe«-Meditation, die ich besonders empfehlen kann, wenn jemand Sie einmal an den Rand des Wahnsinns treibt.

In dem Teil des Buches mit dem Titel »Tiefer eintauchen« spreche ich über einige meditationsverwandte Praktiken, die Sie vielleicht auch interessieren, zum Beispiel Klangbäder (das Coolste überhaupt) und Kristallheilung (sehr viel geerdeter, als Sie womöglich denken) sowie Meditation für Kinder (hat mein Leben als Mutter entscheidend verändert). Das alles präsentiere ich Ihnen natürlich total pragmatisch und auf den Punkt.

Kürzlich wurde ich für einen TV-Beitrag interviewt. Ich hatte gerade über die kondensierte, vereinfachte Methode der Achtsamkeitsmeditation gesprochen, die wir bei *Unplug* praktizieren, als mich die Reporterin mit einer gewissen Verächtlichkeit in der Stimme fragte: »Schön und gut. Aber machen Sie die Meditation damit nicht zu einer Art McAchtsamkeit?«

Was ich entgegnet habe? »Das hoffe ich doch, weil ich nämlich will, dass jeder davon kosten kann.«

In diesem Sinne: Guten Appetit! Und jetzt sehen wir mal zu, dass auch Sie schnell abschalten können.

PLATZ NEHMEN

Kommen Sie rein. Schnappen Sie sich ein Kissen. Was folgt, ist meine modernisierte Einführung ins Abschalten. Darin erkläre ich Ihnen genau, was Meditieren eigentlich ist und was nicht, wie es funktioniert, was dabei auf Sie zukommt und wie beziehungsweise warum es Ihr Leben dramatisch verändern wird.

Ohne Getue und ohne Gedöns. Ganz einfach, ganz leicht. Eben genau wie das Meditieren selbst.

Es geht um *Sie*

Ein ganz normaler Tag in meinem Leben als *Glamour*-Redakteurin. In der Frühe war ich von New York aus hergeflogen, um einigen weiblichen Fans des großen amerikanischen Motorsportverbands NASCAR direkt in den Boxen ein Umstyling angedeihen zu lassen. Für die Vorbereitungen blieben uns nur wenige Stunden, entsprechend eng war der Zeitplan, zumal *Good Morning America* einen Beitrag über die Makeovers drehen wollte. Sorgen machte ich mir aber keine – je enger der Zeitplan war und je mehr auf dem Spiel stand, desto mehr Tempo legte ich an den Tag.

Also arbeitete ich Punkt für Punkt schnell ab ... und schnappte mir schließlich den Kleidersack mit Klamotten, die meine Assistentin zusammengepackt und mitgebracht hatte. Kaum war der Reißverschluss offen, kriegte ich die Krise: Sie hatte die falschen Sachen eingepackt. Und zwar nicht nur ein paar. Sondern alles, was auf dem »Geht-zurück«-Kleiderständer gehangen hatte und das NICHT MITZUNEHMEN meine Chefin überdeutlich und mit größtem Nachdruck befohlen hatte.

Gar nicht gut. Mit Flügen, Hotel, Transportwagen und so betrugen die Kosten für das Shooting alles in allem mindestens fünfzigtausend Dollar. Einmal ganz abgesehen von der Liveschaltung für den Fernsehbeitrag. Üble Sache. Und alles würde auf mich zurückfallen.

Na schön, dachte ich und versuchte ganz ruhig zu bleiben. *Dann besorgen wir uns jetzt eben in der nächstgelegenen Boutique Ersatzklamotten und retten die Nummer.* Ich war voll im Wäre-doch-gelacht-wenn-wir-das-nicht-hinbekämen-Modus, als ich erfuhr, dass das einzige Geschäft weit und breit, in dem man Kleidung kaufen konnte, ein mittelprächtiges Kaufhaus war – mehr als dreißig Kilometer entfernt. Da wurde ich dann panisch. Ich spürte richtig, wie mir das Blut ins Gesicht schoss und mein Herz wie wild anfing zu schlagen. Ich rastete total aus.

Zunächst schrie ich wie am Spieß. Und ich bin wirklich nicht stolz darauf, muss aber zugeben, dass ich vor allem meine Assistentin anbrüllte. Dann verzog ich mich auf die Toilette und heulte. Ich meine, mir ist schon klar, dass wir hier nur von einem Fotoshooting sprechen und die meisten meine Reaktion bestimmt für albern halten, aber ich hatte einfach das Gefühl, dass meine gesamte Karriere auf dem Spiel stand. Mir war speiübel.

Nach einer halben Stunde Megastress, Panik und Chaos kriegte ich mich schließlich wieder einigermaßen ein und machte aus dem Ganzen ein Beauty-Shooting, bei dem wir die Frauen nur vom Hals an aufwärts fotografierten. Damit hatten wir das Shooting einigermaßen hingebogen. Was aber blieb, waren die emotionalen Kollateralschäden, die ich mir und meiner Assistentin zugefügt hatte. Am Ende des Tages fühlte ich mich total erschöpft, es tat mir alles unendlich leid, und ich schämte mich in Grund und Boden.

Szenenwechsel. Vergangener Monat. Ein herrlich sonniger Donnerstag in Los Angeles. Ich hatte gerade einen privaten Meditationskurs geleitet und war bester Stimmung. Da jemand anders die nächste Stunde abhalten sollte, zog ich mich ins Büro zurück, um Papierkram zu erledigen. Kurz nach Unterrichtsbeginn hörte ich draußen sehr lauten Krach. Da das Studio am Wilshire Boulevard liegt, einer großen, viel befahrenen Hauptverkehrsader, ist es hier nie besonders leise. Vom gewohnten Straßenlärm aber unterschieden sich diese Geräusche ganz erheblich. Also gingen Deborah, meine Geschäftsführerin, und ich raus, um nachzuschauen, was da los war.

In der typischen gebückten Haltung, die man aus Krimis kennt, hockten zwei Polizisten direkt vor unserem Gebäude und hielten ihre Feuerwaffen im Anschlag. Sie zielten auf die Bank nebenan. Wir sollten sofort wieder ins Haus gehen, die Tür hinter uns verschließen und nicht ans Fenster gehen, riefen sie uns zu. Im Bruchteil einer Sekunde raste mir dieselbe totale Panik durch den Körper wie bei dem Fotoshooting. Ich war dabei, vollkommen durchzudrehen. Und Deborahs geschocktem Blick nach zu urteilen, ging es ihr nicht anders.

Wir machten auf dem Absatz kehrt, rannten ins Haus zurück und schlossen hinter uns ab. Es dauerte vielleicht drei Sekunden, bis alles, was ich inzwischen gelernt hatte, zum Tragen kam. »Atmen!«, sagte ich zu Deborah. Nach drei tiefen Atemzügen hatten wir uns wieder beruhigt. Ich ging ins Studio zurück, wo neunzehn Kursteilnehmer entrückt dasaßen und von dem Ganzen nichts mitbekommen hatten. Ich unterbrach sie, erklärte, was geschehen war, und begleitete alle in ein fensterloses Hinterzimmer. Die Vorstellung, unter Umständen einer Kugel zum Opfer zu fallen, war natürlich erschreckend, aber ich blieb ganz ruhig … und das übertrug sich auf die anderen.

An jenem Tag – als ich mich in einer echten, potenziell lebensgefährlichen Krise befand – habe ich die Nerven behalten. Aber mich verrückt zu machen, hätte ja auch nichts gebracht. Stattdessen bewahrte ich einen kühlen Kopf, verlor deshalb auch nicht die Kontrolle und ging mit einem Gefühl von Stolz, Effektivität und innerem Frieden aus dieser Krise hervor.

Etwa eine Stunde später kamen die Polizisten vorbei, um uns mitzuteilen, es herrsche jetzt »Code 4«, das heißt: Alles war wieder in Ordnung. Die Räuber hatten die Bank zwar mit ihrer Beute verlassen können, aber kein Mensch war zu Schaden gekommen, und das Leben konnte weitergehen.

Warum ich Ihnen diese Geschichte erzählt habe? Weil die Dinge exakt so laufen, sobald Sie das Abschalten gelernt haben. Dann kann in Ihrem gesamten Leben Code 4 herrschen, egal, was passiert. Ob Chaos im Job oder Pistolen direkt vor Ihrer Nase, spielt keine Rolle: In einer Situation, die es als bedrohlich empfindet, reagiert das Gehirn immer gleich, es setzt den Kampf-oder-Flucht-Mechanismus in Gang. Das wild pochende Herz, die angespannte Muskulatur, erhöhter Blutdruck, eingeschränktes Gesichtsfeld und all die anderen Symptome stellen biochemische Reaktionen Ihres Körpers dar, die ablaufen, sobald er sich auf einen Angriff vorbereitet – er weiß ja nicht, ob die Attacke von einem aufgebrachten Vorgesetzten oder einer abgeschossenen Pistolenkugel ausgeht. Haben Sie erst einmal gelernt abzuschalten, können Sie in jeder Situation ruhig und rational agieren und geraten nicht aus dem Gleichgewicht, egal, worum es geht.

Überlegen Sie nur einmal, wie viele Minuten, Stunden oder sogar Tage Sie schon auf irgendein berufliches oder persönliches Problem verschwendet haben. Ganz egal, wie unbedeutend es für Außenstehende sein mag, für Sie ist es eine Riesensache. Es rüttelt Sie emotional durch, raubt Ihnen die Urteilskraft, löst Kopfschmerzen aus, führt zur Übersäuerung des Magens oder Schlimmerem. Und hinterher hat man oft ein schlechtes Gewissen oder schämt sich seiner Reaktionen.

Wenn Sie lernen abzuschalten, erobern Sie sich die Kontrolle über Ihr Leben zurück. Dann können Sie wählen: dreißig Minuten Megastress, in denen Sie – um einen

Ausdruck des weltbekannten Meditationslehrers Davidji zu benutzen – Ihr Dorf bis auf die Grundfesten abfackeln, inklusive des ganzen Getöses, das damit einhergeht. Oder aber Sie beruhigen sich innerhalb von drei Sekunden und bewahren damit sich und Ihr Dorf vor Schlimmerem. Ich habe beides erlebt und kann Ihnen versichern: Ersteres kommt für mich nie mehr in die Tüte.

Abschalten heißt weder, die Schotten dicht zu machen oder wegzurennen, noch, ganz auszusteigen. Es geht auch nicht darum, eine »Verschnaufpause« einzulegen oder *gedanklich* abzuschalten. Laufen zu gehen, ein Buch zu lesen oder sich eine Massage geben zu lassen, kann entspannen, aber es ist nicht die Art von Abschalten, die ich meine.

Abschalten heißt vielmehr, bewusst Abstand zu dem zu schaffen, was Sie gerade in Rage versetzt (die vermeintliche Gefahr), und die Reset-Taste zu drücken, um anschließend aus einer neutralen, gestärkten Position heraus neu starten und agieren zu können. Sie ziehen also ganz bewusst kurz den Stecker, unterbrechen damit ein paar Augenblicke lang die Stromzufuhr, laden sich neu auf und marschieren dann genau in die Richtung, die Sie einschlagen möchten. Abschalten ermöglicht es Ihnen, ganz bewusst den Schalter umzulegen: von Panik zu Ruhe, von Aggressivität zu Vernunft, von traurig zu glücklich. Mit einem Mal lassen sich scheinbar schwierige Probleme leichter lösen. Sie erkennen, was Sie wirklich wollen, steigern sich in nichts mehr hinein, machen sich keine unnötigen Sorgen mehr, und die Entscheidungen, die Sie treffen, stehen im Einklang mit Ihren inneren Zielen. Dann müssen Sie auch nichts mehr in sich hineinfressen und bewahren sogar noch die Ruhe, wenn Ihr Kind, Partner oder Chef Sie verrückt macht.

Und das alles soll das Meditieren bewirken können? Ja, genau. Sie müssen es bloß täglich ein paar Minuten lang tun. Es ist ganz ähnlich wie mit dem Fitnessstudio: Sobald Sie nur regelmäßig trainieren, zeigen sich die Erfolge. Noch skeptisch? Super! Denn Sie *sollten* sich sogar fragen, was dabei für Sie rausspringt. In den folgenden Kapiteln erkläre ich genau, was Sie zu erwarten haben, und zeige Ihnen, wie viel leichter und schöner Ihr Leben sein wird, sobald Sie die Kontrolle über Ihre Emotionen, Reaktionen und Ihren Geist übernommen haben.

Was möchten Sie loslassen? Was hinzugewinnen? Sobald Sie abschalten und meditieren lernen, wird alles möglich.

Meditieren – was ist das eigentlich?

In der Praxis der Meditation lernen Sie, sich von Ablenkungen zu lösen und den gegenwärtigen Augenblick zu erleben.

Wie, das soll schon alles gewesen sein?

Ja. Aber schlagen Sie das Buch jetzt nicht zu, ich möchte Ihnen nämlich erklären, warum das von so großer Bedeutung ist.

Der National Science Foundation zufolge gehen uns pro Tag durchschnittlich fünfzigtausend Gedanken durch den Kopf. Sie stellen sich einfach ein, pausenlos, und ziehen unsere Aufmerksamkeit vom gegenwärtigen Moment ab. Nun ist dieser gegenwärtige Moment aber deshalb so wichtig, weil Ihr Leben sich darin abspielt. Nicht *vor* fünf Minuten, nicht *in* fünf Minuten, sondern unmittelbar jetzt, unmittelbar hier. Mehr haben wir nicht. Wir können uns über Geschehnisse von gestern Gedanken machen oder überlegen, was morgen zu tun sein wird … mit *diesem Moment* aber hat beides nichts zu tun.

Diese geistigen Minitornados kennen wir ja alle: *Ich muss nachher noch zur Reinigung ... Warum sagt man dazu eigentlich auch* Trockenreinigung? *... Und fürs Abendessen muss ich auch noch einkaufen ... Was soll ich bloß kochen? ... Den Inder, bei dem ich neulich mit Amy war, fand ich total lecker ... Zu gern würde ich irgendwann mal nach Indien reisen ... Ob Joe wohl einen schönen Urlaub hatte? ... Ich muss ihn dringend anrufen ...* Meditationsexperten bezeichnen dieses gedankliche Hin-und-her-Springen als »Affengeist«, ich nenne es »Googlehirn«.

Manche Gedanken aber lösen auch große, überwältigende Gefühle aus, die uns richtig runterziehen. Meistens ist das der Fall, wenn etwas Unerwartetes geschieht. Wenn etwas nicht so läuft, wie wir uns das vorgestellt haben, und wir ganz automatisch reagieren wie gewohnt – meistens nicht gerade ruhig. Das läuft dann in etwa so ab:

Der Chef kritisiert Sie: *Was für ein Idiot ... Ich hasse diesen Job ... Der ganze Beruf ist scheiße ...*

Sie haben Ihren Geldbeutel verloren: *Ich bin so ein Idiot ... Alles muss ich immer versemmeln ... Bekomme nie was hin ...*

Sie stehen im Stau: *Alles nur Idioten ... Warum lebe ich überhaupt hier? ... Was für eine Scheißstadt ...*

Wir sind alle nur Menschen. Und diese automatischen Reaktionen sind vollkommen normal. Das Problem ist jedoch, dass wir in solchen Situationen nicht bloß die Ruhe verlieren, sondern uns auch der Entscheidungshoheit über unsere Reaktionen berauben. Denn dann übernehmen die Gedanken und Emotionen das Ruder, und wir fühlen uns unfähig, ihnen Einhalt zu gebieten.

Doch ich habe eine gute Nachricht für Sie: Dass der verrückte Zug in den Bahnhof einfährt, heißt noch lange nicht, dass Sie auch zusteigen müssen. Sie haben die Möglichkeit, Ihre Reaktionen und Emotionen zu steuern, statt sich von ihnen beherrschen zu lassen. Zugegeben, keinen unserer fünfzigtausend gewohnheitsmäßigen oder sonstigen Gedanken täglich werden wir davon abhalten können, auf uns einzuströmen. Durch die Meditation aber trainieren wir das Gehirn, *diejenigen Gedanken, die uns nicht dienlich sind, einfach vorbeiziehen zu lassen.* Denn wir lernen dabei, die Aufmerksamkeit bewusst genau dorthin zu lenken, wo wir sie haben wollen, insbesondere, wenn wir gedanklich abgeschweift sind oder uns im Reich des automatischen Reagierens befinden. Das ist der Akt des Abschaltens. Beim Meditieren üben Sie sich darin mit dem Ziel, dass es Ihnen für Ihr Alltagsleben in Fleisch und Blut übergeht. Sie trainieren die Fähigkeit, Ihren Fokus bewusst auszurichten, können dann in jeder einzelnen Situation entscheiden, wie Sie reagieren wollen, und müssen sich nie mehr wie eine Marionette an den Fäden Ihrer automatisierten Verhaltensweisen fühlen.

Der Meditationslehrer Davidji hat dafür eine Analogie gefunden, die mir gut gefällt. Er vergleicht das Gehirn nämlich mit einem Smartphone, das permanent SMS, E-Mails und andere Nachrichten empfängt. Wenn wir das Gehirn nun durch Meditieren trainieren, kommen diese Nachrichten zwar immer noch rein, wir lassen uns aber nicht mehr von ihnen stören. Gedanken, die wir als Spammails identifizieren, verschieben wir in den Ordner »Gelöschte Elemente« oder stellen sie, was noch besser wäre, auf stumm. Beim Meditieren lernen Sie, initiativ zu werden und bewusst zu entscheiden, wo Sie Ihre Energie hinlenken, statt rein reaktiv auf jedes Piep und Blah einzugehen, das Ihnen entgegenplärrt.

Aber das ist erst der halbe Prozess. Sobald der Geist zur Ruhe gekommen und steuerbar ist, können Sie sich den gegenwärtigen Moment in all seiner herrlichen Klarheit und Stille erschließen. Dies ist das Zuhause der Glückseligkeit. Der gegenwärtige Moment stellt die Eintrittskarte zu allem dar, was Sie suchen: große Zufriedenheit, Liebe, Stabilität, Selbstvertrauen, Weisheit, Konzentrationsvermögen und tiefe Ruhe. Sobald Sie diesen Zustand einmal empfunden haben, möchten Sie immer mehr davon. Weil das besser ist als Urlaub. Besser als

Therapie. Besser als Shoppen, Golf oder Schokolade. Und … absolut kostenfrei!

Das bewirkt die »einfache Formel für schnörkelloses Meditieren«. Es gibt viele verschiedene Möglichkeiten zu meditieren, mehr darüber später; diese Methode aber ist die einfachste, elementarste Form, ideal nicht nur für Anfänger, sondern auch für moderne Minimalisten. In diesem Kapitel erfahren Sie alles über die Methode, was Sie wissen müssen, um sie selbstständig anwenden zu können. Aber hier schon einmal ein kleiner Vorgeschmack:

Zu Anfang fokussieren Sie sich auf etwas Bestimmtes, wie Ihren Atem, einen Gegenstand oder ein Wort (beziehungsweise Mantra – auch darüber erfahren Sie später mehr). Dadurch kommen Sie aus Ihren Gedanken heraus und geraten vom Schnellgang in den Schlendermodus. Sie sitzen einfach da, atmen und fokussieren sich. Mehr nicht.

Irgendwann lösen Sie sich vom Objekt Ihrer Fokussierung. Das kann, wie bei Anfängern meistens, unbewusst geschehen oder in dem Maße, in dem Sie dieses Vorgangs zunehmend gewahr werden, auch bewusst. Aber egal, wie es dazu kommt: Irgendwann lässt das Gehirn los. Und in diesem Sekundenbruchteil der Loslösung öffnet sich eine Lücke. Für einen – vielleicht nur winzigen – Moment gleiten Sie in diese süße Leere des Nichts hinein, welche reines Bewusstsein ist. Das, genau das markiert das vollständige Erleben des gegenwärtigen

Augenblicks. Keine Rückblende in die Vergangenheit, kein Vorspulen in die Zukunft – bloßes Sein im Hier und Jetzt.

In dieser Lücke liegt alles Schöne und Gute. Es ist wie ein umfassendes Aufatmen … das beste Geschenk, der perfekte Moment vollkommener Bewusstheit, Friedfertigkeit und Entspannung. Stress und Störgeräusche lassen nach, und Sie können ganz in der Schönheit und Stille aufgehen, einfach in allem. Ich empfinde dies ganz ähnlich wie den Moment des Urlaubs, in dem ich merke, dass ich anfange, mich richtig zu erholen. Ich liege am Meer, das Buch habe ich zur Seite gelegt, weder schlafe ich, noch denke ich an irgendetwas anderes als daran, *wie gut sich das anfühlt*. Genauso gut wie die Lücke. Anfänglich werden Sie diese Leere vielleicht nur eine Tausendstelsekunde lang erleben können, mit der Zeit aber immer länger und länger. Und es wird besser und besser.

Alles Übrige stellt quasi eine Wiederholungsschleife dar: Sobald Sie merken, dass sich erneut ein Gedanke einstellt, der Sie aus der Lücke herausholt, registrieren Sie ihn, fokussieren sich wieder auf Ihr Ausgangsobjekt und fangen von vorn an. Es ist also tatsächlich nicht mehr als:

Fokussieren.
Loslassen.
In die Lücke driften.

Das Wiederauftauchen von Gedanken
wahr- und zur Kenntnis nehmen.
Erneut fokussieren.
Wiederholen.

Bei näherem Überlegen werden Sie bemerken, dass sich diese Formel des Zurückkehrens zur Mitte im Grunde auf alles anwenden lässt. Wobei ich mit »Mitte« das Hier und Jetzt in Körper, Geist und Seele meine. Wenn Sie weder die Vergangenheit wiederaufwärmen noch sich Sorgen über die Zukunft machen, können Sie klar denken und in aller Ruhe auf die jeweilige Situation eingehen, weil Sie ganz im gegenwärtigen Augenblick verankert sind. Nehmen wir an, Sie hätten aus Versehen den »Allen-antworten«-Button Ihres E-Mail-Programms gedrückt und einen der Empfänger mit Ihrem Schreiben verletzt. Ganz schön blödes Gefühl, nicht wahr? Ist Ihr Gehirn jedoch schon von der Meditationspraxis geprägt, werfen Sie sich diesen Lapsus, der ja der Vergangenheit angehört, auch wenn er erst vor zwei Minuten geschah, nicht stunden-, womöglich tagelang vor und schlagen sich auch nicht mit seinen möglichen Folgen herum. Stattdessen können Sie ihn sich eingestehen und verzeihen, um anschließend sofort in die Gegenwart zurückzukehren. Wenn es etwas wiedergutzumachen gibt, tun Sie es. Aber aus Ihrer Mitte heraus. So haben Sie die Situation unter Kontrolle und machen nicht mit übertriebenem Gefühlstamtam alles nur noch schlimmer. So verändert sich Ihr Leben unter dem Einfluss des Meditierens.

Das Erleben des gegenwärtigen Moments beim Meditieren trainiert das Gehirn, den ganzen restlichen Tag über wach und präsent zu bleiben. Und ehrlich, das ist auch der einzige Zweck des Ganzen. Wie oft denken wir an alles Mögliche – AUSSER an das, was gerade eben geschieht, unmittelbar hier – und lassen uns damit den aktuellen Moment entgehen. Man hat Urlaub und denkt an den Job. Ist bei der Arbeit, aber in Gedanken bei den Kindern. Man ist mit den Kindern zusammen und ergeht sich in Tagträumen von den nächsten Ferien. Wir sind dann so mit dem folgenden Augenblick beschäftigt, dass wir den jetzigen gar nicht mitbekommen.

Präsent zu sein heißt, dass Sie, wenn Sie mit Ihren Kindern, mit Freunden oder Ihrem Partner zusammen sind, tatsächlich *bei ihnen* sind. Im Job sind Sie total bei der Sache und können am Abend mit dem zufriedenen Gefühl nach Hause gehen, ganze Arbeit geleistet zu haben. Beim Essen schieben Sie sich nicht mehr abwesend die Gabel in den Mund, sondern nehmen den Geschmack jedes einzelnen Bissens wahr. Es mag sich kitschig anhören, aber alles, was Sie bewusst wahrnehmen, während es geschieht, wird Ihnen viel lebendiger vorkommen.

Meditieren hilft Ihnen, die gegenwärtigen Momente – und damit Ihr Leben – so zu erleben, dass sie Ihnen nicht mehr entgehen. Und ist das nicht letztlich alles, was zählt?

Entrümpelt – entmystifiziert – praktikabel

Von den Vorteilen der Meditation haben Sie mit Sicherheit schon gehört. Alle Welt – angefangen bei Deepak Chopra über Harvard-Wissenschaftler bis hin zum *Time*-Magazin – scheint heutzutage ja von den zahlreichen radikalen Verbesserungen zu schwärmen, die sie in praktisch jedem Bereich des Lebens bewirken kann.

Bescheid wissen Sie also. Und? Meditieren Sie jetzt? Nehmen Sie es mir nicht übel, aber ich vermute, dass nicht. Und zwar aus denselben Gründen, aus denen ich es auch nicht getan habe. Ich dachte immer, dass dabei zu viel Zeit draufginge, dass ich das Gehirn »abschalten« müsste, was ich nicht hinkriege ... oder, schlimmer noch, dass ich absolut reglos dasitzen müsste, was nun gar nicht geht. War alles Blödsinn, wie sich herausgestellt hat. Und weil das Meditieren mit so viel Mysteriösem und Mystischem umgeben war, ging ich außerdem automatisch davon aus, es müsse kompliziert und schwer zu erlernen sein. Doch auch das stimmte nicht.

Um ehrlich zu sein, kam mir das Meditieren sogar irgendwie schräg vor. Nur was für Hippies, Mönche oder Gurus, wie man sie höchstens in esoterischen Buchläden findet beziehungsweise in irgendwelchen Höhlen im Himalaja. Dass Chefs großer Firmen meditieren, um ihre geschäftlichen Erfolge zu steigern, oder berühmte Fernsehmoderatorinnen und Schauspieler, bevor sie vor die Kamera treten, hätte ich nie gedacht. Ganz zu schweigen von berufstätigen Müttern, die aus der Meditation Kraft für die Bewältigung ihres chaotischen Alltags beziehen. Das brachte ich einfach nicht zusammen.

Ja, in puncto Meditieren herrschen große Missverständnisse. Die möchte ich in diesem Buch ausräumen und Ihnen zeigen, wie einfach, leicht und undramatisch es in Wirklichkeit ist. Die viel beschäftigten Skeptikerinnen und Skeptiker unter Ihnen, die sofort in Aktion treten möchten, dürfen die folgenden Ausführungen gern überspringen und gleich in den praktischen Teil einsteigen. Die anderen lesen hier weiter und erfahren auf den nächsten Seiten die wichtigsten Fakten über das Meditieren. Machen Sie sich auf einige schöne Überraschungen gefasst!

Es ist leicht zu lernen

Das habe ich Ihnen ja gerade bewiesen. Also weiter.

Meditieren kann jeder

Ja, Sie auch. Selbst wenn Sie es sich nie hätten vorstellen können; selbst wenn Sie es schon einmal versucht haben und todlangweilig fanden; selbst wenn Sie glauben, Sie könnten Ihr Hirn nicht abschalten (müssen Sie gar nicht, wie Sie später erfahren werden); selbst wenn Sie hundertprozentig davon überzeugt sind, nie und nimmer still dasitzen zu können.

Das mit dem Stillsitzen kann ich, wie gesagt, nur allzu gut nachvollziehen. Manchmal fällt es mir sogar heute noch schwer. Aber je häufiger Sie es tun, desto einfacher wird es. Versprochen. Und wenn Sie beim Meditieren anfänglich Ihre Sitzposition wechseln, hin und her rücken, niesen oder sich irgendwo kratzen müssen, weil es juckt, dann tun Sie es eben. Wer sollte Sie denn davon abhalten können? Schließlich gibt es kein Gesetz, das Sie zwingt, beim Meditieren versteinert dazusitzen wie eine Statue.

Sollten Sie befürchten, es könnte langweilig werden, bin ich ganz bei Ihnen. Am Anfang ist es tatsächlich oft etwas eintönig, vor allem wenn Sie bei sich zu Hause und allein meditieren. Ich meine … seien wir doch einmal ehrlich: Sie sitzen ja auch einfach nur da. Aber schon bald werden Sie sich immer länger in jener herrlichen Lücke aufhalten. Werden das Funktionieren Ihres Geistes durchschauen, das durch das Auftauchen Ihrer Gedanken nur interessanter wird. Und dann haben Sie es plötzlich raus: Sie sind doch tatsächlich in der Lage, Ihr Hirn zu steuern! Über kurz oder lang werden sich daraufhin in Ihrem Leben größere Veränderungen einstellen (s. »Erstaunliche und herrliche Dinge können geschehen«). Und von Langeweile kann dann wirklich keine Rede mehr sein. Sie müssen bloß die Anlaufschwierigkeiten überwinden und werden bald die Meditation nicht mehr missen mögen. Steve Ross, der beliebte Yogameister und Meditationslehrer bei *Unplug*, sagt gern: »Zu Beginn muss man dem Prozess etwas Vertrauen entgegenbringen. Nicht viel. Aber ein bisschen eben schon.«

Auch wer meint, Meditieren »sei nichts für ihn«, steht damit nicht allein. Ich weiß gar nicht, wie oft ich diesen Satz schon gehört habe. Doch genauso gut könnte man auch sagen: »Atmen ist nichts für mich.« Wenn Sie atmen können, können Sie auch meditieren.

Ich bin eine, die immer gesagt hat, sie könnte nicht meditieren. Dass mir dafür viel zu viel im Kopf rumspuken würde. Dass ich zu zappelig wäre. Nicht loslassen könnte, blahblahblah. Da war ich mir absolut sicher: Ich bekomme das nicht hin. Aber der Stress, den ich hatte, war unerträglich, und mir schwante schon, dass ich etwas an meinem Leben würde ändern müssen. Einmal hatte ich das Gefühl, ich würde gleich zusammenbrechen, und da habe ich auf den Rat eines Freundes von mir gehört, der fast täglich meditiert, und mich bei *Unplug* zu einem Kurs angemeldet. Und nicht nur, dass es funktioniert hat! Nein, es ging auch noch rasend schnell. Das Meditieren hat mir zu dem ruhigen Selbstvertrauen verholfen, das ich so lange vermisst hatte, und – Überraschung! – jetzt freue ich mich immer richtig auf die Sitzungen und werde bestimmt nicht so bald mit dem Meditieren aufhören.

BETH, 29, LEITERIN GESCHÄFTSENTWICKLUNG

Üblicherweise geschieht nicht groß etwas

Die Meditationslehrerin Megan Monahan beginnt ihren Unterricht gern mit den Worten »Vorsicht, Spoiler-Alarm: Die Luzi wird in diesem Raum hier jetzt nicht abgehen«. Und meistens stimmt das auch. Oft richten wir bloß die gesamte Konzentration auf den Atem und verbinden uns so mit der vollen Kraft des Präsentseins. Denn beim Meditieren gibt es keine Ziellinie, kein Feuerwerk, keinen heiligen Gral, keinen Sieg. Man übt nicht, um irgendetwas zu erreichen; die einzige Leistung, die erbracht werden kann, ist die, (mindestens) einmal täglich ruhig zu sitzen und zu atmen.

47

Ich erzähle Ihnen das, damit Sie nichts wahnsinnig Spannendes erwarten. Und nicht etwa denken, Sie machen etwas falsch oder versagen, wenn nichts passiert. Aber die Meditationspraxis hat nun einmal tatsächlich wenig Dramatisches an sich.

Doch dann erleben Sie den einen oder anderen »coolen meditativen Moment«, wie wir in Kalifornien sagen: sehen farbige Muster, lila Kreise zum Beispiel, fühlen sich, als würden Sie schweben, oder es offenbart sich Ihnen plötzlich eine geniale Idee, *die* Erkenntnis. (Unterbrechen Sie die Meditation aber nicht, um sie sich zu notieren. Wenn sie wirklich etwas taugt, erinnern Sie sich hinterher noch daran.)

Davidji vergleicht die einzelnen Meditationen gern mit Schneeflocken, weil nie eine der anderen gleicht. Machen Sie sich also klar, dass jede Sitzung anders ist und sich keine reproduzieren lässt. Das heißt: Die coolen Momente kommen nicht auf Bestellung. Bei größter Präsenz stellen sie sich mitunter ein, eine Garantie dafür aber gibt es nicht.

Doch selbst wenn Sie keinen dieser coolen Momente erleben und bloß dasitzen, sich mit Ihrem Gehirn herumschlagen und immer wieder zu Ihrem Atem zurückkehren, tun Sie sich auf jeden Fall etwas Gutes. Denn auch dann erleben Sie einen wahren Durchbruch. Was während des Meditierens geschieht, zählt nämlich gar nicht so sehr; worauf es wirklich ankommt, ist das Danach.

Solange Sie sitzen, spüren Sie es vielleicht noch nicht, den Rest des Tages aber werden Sie in mehr Ruhe, innerem Frieden und Gewahrsein verbringen. Sie werden weniger in Geschichten verstrickt sein und sich der Funktionsweise Ihres Geistes bewusster werden, à la *Ich weiß schon, wenn was schiefgeht, reagiere ich oft so … Im Moment zwar nicht direkt, aber … Also konzentriere ich mich jetzt lieber auf meinen Atem …* Sie kommen Ihren Gedankengängen auf die Spur und wenden sich, ähnlich wie zuvor während der Meditation selbst, von Gedanken und den Reaktionen darauf ab, die Ihnen nicht dienlich sind. Dass das am Meditieren liegt, fällt Ihnen vielleicht erst nach einer ganzen Weile auf.

Angela, 42, ist als Veranstaltungsmanagerin bei einer großen Firma beschäftigt. Pro Jahr organisiert sie drei große Konferenzen für mehr als zweitausend Angestellte – und drehte in der Vorwoche jedes Mal vollkommen durch. Ihre Angehörigen und Freunde, die das schon kannten, sprachen immer von Angelas »Höllenwoche«. Irgendwann fing sie an, regelmäßig zu meditieren. Aber erst am Tag vor einer dieser Konferenzen merkte sie, welche Wirkung es auf sie hatte. Denn diesmal war sie kein bisschen ausgeflippt. Lachend sagte sie zu mir: »Versteh mich nicht falsch, es war nicht so, dass alles glattgelaufen wäre. Bestimmt nicht! Irgendwie aber ist es mir gelungen, das alles hinzukriegen, ohne mich total zu stressen. Das hat mich so überrascht – und meine Lieben sind vollkommen aus dem Häuschen vor Begeisterung!«

Machen Sie sich also keine Gedanken, wenn während Ihrer Meditationen nichts Besonderes geschieht. Denn in Ihnen geht Großes vor – ob Sie es nun bemerken oder nicht. Die *Unplug*-Lehrerin Olivia Rosewood drückt es so aus: »Meditieren ist kinderleicht und spielt sich in der Stille ab. Doch davon darf man sich nicht täuschen lassen und weder Kraft und Bedeutung der Meditation noch ihre Wirkung unterschätzen.«

Am Meditieren ist nichts Unheimliches

Vielleicht stehen Sie auf Edelsteine oder Räucherstäbchen? Das ist völlig in Ordnung. Ich persönlich zum Beispiel liebe Kristall- und Steinheilungsmeditationen. Aber wenn Sie husten müssen, sobald der Salbei glimmt, oder sich beim Om-Chanten dämlich vorkommen, stellt das auch kein Problem dar, denn zum Meditieren ist nichts davon erforderlich. Sie müssen die Hände nicht so im Schoß verschränken, dass die Flächen nach oben weisen und Zeigefinger und Daumen ein O bilden. Ebenso wenig benötigen Sie einen Altar mit dem gerahmten Bild eines Gurus im Schlafzimmer, um vom Meditieren profitieren zu können. Nicht einmal Vegetarierin oder Vegetarier müssen Sie dafür sein.

Im öffentlichen Bewusstsein ist die Meditation zumeist von einer Aura des Mysteriösen und Mystischen umgeben, und deshalb verstehe ich schon, dass sie vielen irgendwie unheimlich ist. Doch nach vielen, vielen Übungsstunden und Kursen, nach fünf Jahren (so gut wie) täglichen Meditierens, nach der Lektüre einer Unmenge einschlägiger Bücher und Gesprächen mit zahlreichen hervorragenden Lehrerinnen und Lehrern kann ich Ihnen in aller Aufrichtigkeit versichern: Meditation wird nur dann zu etwas Unheimlichem oder Bizarrem, wenn Sie es dazu machen.

An und für sich haftet dem auf etwas Bestimmtes konzentrierten Dasitzen absolut nichts New-Ageiges oder Esoterisches an. Ob es denn keine spirituelle Erfahrung darstelle, fragen Sie? Aber sicher, das kann es durchaus. Genauso spirituell wie unter Umständen die Besteigung eines spektakulären Berges oder der Verzehr des weltköstlichsten Pfirsichs. Alle diese Erfahrungen können von erhebender Wirkung sein, inspirieren und die Seele berühren. In den Genuss der Annehmlichkeiten des Meditierens – klareres Denken, größere Ausgeglichenheit und Zufriedenheit – kommen Sie aber auch, wenn Sie lieber auf die spirituelle Komponente verzichten (die für mich allerdings gerade das Schönste daran ist). Der Trick besteht einfach darin, dass man das Meditieren in sein Leben integriert und so für sich nutzbar macht.

Da wir gerade von Spiritualität sprechen, können wir gleich auch noch Licht ins Dunkel einen weiteren Mythos bringen: Die Meditation ist nichts Religiöses. Zwar reichen ihre Wurzeln fünftausend Jahre zurück ins taoistische China und ins buddhistische Indien (später auch

Japan); direkt mit einer bestimmten Religion verbunden aber ist das Meditieren nicht. Christen, Buddhisten, Juden, Muslime, Mormonen sowie alle anderen können und tun es ebenfalls; denn die Meditation verändert das Leben jedes Menschen – ohne jeden Unterschied.

Meditieren ist nicht dasselbe wie Beten. Beten, habe ich einmal sagen hören, bedeute, Gedanken und Energien nach außen zu richten, *auf etwas*, während man beim Meditieren nach innen gehe. Religion fußt üblicherweise auf dem Glauben an ein höheres spirituelles Wesen. Bei der Meditation dagegen geht es, für mich jedenfalls, um die Verbindung mit dem eigenen wahren Selbst und dessen Lebensziel. Statt Inspiration und Führung also in der Konzentration auf eine höhere Macht zu suchen, finden Sie alle Antworten in sich selbst.

Eine Meditation braucht nicht lange zu dauern, um effektiv zu sein

»Ich würde ja gern meditieren, aber ich finde einfach keine Zeit dafür.«

Sie glauben gar nicht, wie oft ich diesen Satz schon gehört habe. Und wissen Sie was? Er stimmt sogar: »Finden« werden Sie die Zeit nicht, die müssen Sie sich schon reservieren. Anderenfalls wird das nie etwas. Aber seien wir doch mal ehrlich: Für das, was uns wichtig ist, können wir uns alle täglich ein paar Minuten Zeit nehmen. Wir müssen es nur wollen. Wie oft haben Sie schon alles stehen und liegen lassen, wenn der Kindergarten anrief, Sie für ein ausverkauftes Konzert plötzlich doch noch eine Karte ergattern konnten oder um einer Kollegin auszuhelfen? Für alles, was uns am Herzen liegt, nehmen wir uns die Zeit.

Aber wie lange brauchen Sie denn nun wirklich? Manche Meditationsschulen halten vierzig Minuten täglich für ideal, zwanzig morgens und zwanzig am Abend. Andere sprechen von insgesamt einer halben Stunde. Wissenschaftlich erwiesen ist, laut der Harvard-Neurologin Sara Lazar, die bahnbrechende Forschungen über die Auswirkungen der Meditation auf das Gehirn durchgeführt hat, Folgendes: Bei absoluten Anfängern, die acht Wochen lang einmal täglich siebenundzwanzig Minuten meditieren, verändert sich die physische Struktur des Gehirns zum Besseren. Doch ich kann Ihnen sagen: Auch zehn Minuten machen schon etwas aus. Wissenschaftlich erwiesen ist das zwar nicht, aber ich kann es spüren – und nicht nur ich.

Finden Sie also selbst heraus, was für Sie am besten funktioniert; doch sollten Sie dabei die Empfehlung der Meditationslehrerin Laurie Cousins berücksichtigen, die ihren Anfängerschülern stets rät, mit dem Maximum an Zeit zu beginnen, von dem sie sicher wissen, dass sie es täglich aufbringen können. Bleiben Sie dabei realistisch; hier geht es um Sie und darum, Ihrer neuen Praxis einen festen Platz in Ihrem Leben einzuräumen. Und profitieren werden Sie davon auch schon, wenn Sie täglich nur zehn Minuten sitzen.

Das Verrückte ist: Wer meditiert, gewinnt an Zeit sogar hinzu. Beziehungsweise »schwimmt« geradezu in Zeit, wie es Arianna Huffington in einem Vortrag bei *Unplug* einmal ausdrückte. Sie werden tatsächlich das Gefühl bekommen, dass sich die Zeit ausdehnt. Jeder, der regelmäßig meditiert, kann Ihnen das bestätigen. Der vierzigjährige Jo sagt: »Man denkt, man hätte keine Zeit dafür … wäre zu beschäftigt, hätte zu viel zu tun. Doch das Ding ist: Wenn man sich die Zeit zum Meditieren dann nimmt, kann man sich viel besser konzentrieren und schafft deshalb auch mehr.«

Megan Monahan erklärt den »Zeitgewinn« durch Meditation so:

> Fast alles scheint den Leuten wichtiger zu sein, als sich hinzusetzen und »nichts« zu tun. Das betrachten sie als Zeitverschwendung, und Zeit haben sie eh nie genug. Was aber daran liegt, dass sie sich gedanklich ständig in der Vergangenheit oder in der Zukunft aufhalten – die man ja beide nicht in der Hand hat. Doch so verplempern sie ihre wertvolle Zeit und berauben sich damit der Möglichkeit, den gegenwärtigen Moment zu gestalten. Zu den größten Vorzügen der Meditation zählt, dass sie uns fester im Augenblick verankert. Dies schärft die Geistesgegenwart und vergrößert das

Konzentrationsvermögen. So hat man dann plötzlich das Gefühl, mehr Zeit zu haben und viel mehr erledigen zu können. Einfach weil man mit dem Kopf im gegenwärtigen Moment bleibt und nicht ständig hin und her springt.

Einige der meistbeschäftigten Menschen auf diesem Planeten meditieren: Oprah Winfrey, Kobe Bryant, Arianna Huffington. Wenn selbst solche Leute die Zeit dafür finden, sollte uns das doch eigentlich auch gelingen.

Die Meditation bringt Sie nicht ins Hintertreffen

Sie fürchten, Meditieren würde Ihr Hirn zu Brokkoli machen und Sie in einen abgedrehten Hippie verwandeln, der den letzten Schuss nicht gehört hat? Keine Sorge. Die Meditation nimmt zwar Ihrem Stress die Schärfe, nicht aber Ihnen. Sie beraubt Sie weder Ihrer Geisteskraft oder Reaktionsschnelle, noch nimmt sie Ihnen sonst irgendetwas – außer Druck, Angst, Nervosität oder dem Gefühl der Überforderung.

Eher das Gegenteil ist der Fall.

Regelmäßiges Meditieren verbessert die Leistungsfähigkeit sogar und steigert unsere Produktivität, wie Studien ergeben haben. Und persönlich kann ich das nur bestätigen. Meditieren räumt mit dem ganzen mentalen

Müll auf, den ich so im Kopf hatte, lässt mich methodischer und aufmerksamer vorgehen, macht mich weniger chaotisch. Früher bin ich nach dem Aufwachen sofort aus dem Bett gesprungen und habe mir meine To-do-Liste vorgeknöpft. Bin mit hundertachtzig Sachen durch meinen Tag gerast, auf alles angesprungen, was auf mich zukam, und dann spätabends todmüde ins Bett gefallen, um am nächsten Morgen wieder genau dasselbe Theater abzuziehen.

Heute komme ich in der Frühe erst einmal zu mir und meditiere. Das heißt: Vor dem Aufstehen bleibe ich zunächst noch liegen und absolviere mein Viertelstündchen. Danach überlege ich in aller Ruhe, was ich an diesem Tag alles schaffen und erledigen möchte. Statt reaktiv bin ich heute eher *pro*aktiv. Ich habe das Gefühl, meine Zeit im Griff zu haben, lasse mich von nichts mehr antreiben. So bekomme ich viel mehr geregelt als früher. Meine irrationalen Ängste gehören der Vergangenheit an, ich verliere die Zeit nicht mehr aus den Augen und vergeude keine Stunden auf Dinge, die für mich und meine Ziele nicht von Bedeutung sind (winke winke, Einkaufstouren im Internet!).

Ich habe noch genauso viel Drive, Leidenschaft und Energie wie immer – nein, sogar mehr. Das Meditieren hat mir zu vielen Pluspunkten verholfen. Gearbeitet habe ich schon vor der Eröffnung meines Studios viel, aber das hier war eine echt große Nummer. Gut, dass ich dahinten diesen Meditationsraum hatte, denn als

Unternehmerin gibt es Momente, in denen möchte man sich einfach nur noch verkriechen und heulen. Den lieben Gott einen guten Mann sein lassen aber kann man auch nicht, weil einen ja ständig irgendjemand braucht, rund um die Uhr. Das Netzwerk schmiert ab … die Empfangsdame mit dem Schlüssel kommt nicht, und jetzt stehen siebenundzwanzig Leute vor der Tür und warten … der Starlehrer verkündet, dass er für drei Monate nach Indien geht. Nun ist es nicht so, dass ich derartige Zwischenfälle heute mit einem lächelnden »Passt schon« wegstecken würde. Aufgrund der übergeordneten Perspektive, die ich mittlerweile gewonnen habe, kann ich solche Situationen aber viel leichter bewältigen. Ich verschwende meine Zeit nicht mehr auf Dinge, über die ich keine Kontrolle habe, sondern stelle mich jeder Herausforderung mit Bedacht – und viel erfolgreicher als früher.

Als ich noch im Fashionbereich gearbeitet habe, war ich oft im Panikmodus. Heute nicht mehr. Heute ist *Produktivität* mein zweiter Vorname. Sollte einmal etwas schiefgehen, fange ich sofort an, nach einer Lösung zu suchen. Früher habe ich mich von Herausforderungen stressen lassen wie blöde. Hatte ich zum Beispiel Schwierigkeiten, für ein geplantes Fotoshooting bestimmte Teile aus der neuesten Michael-Kors-Kollektion zu bekommen, habe ich so lange rumgetobt, bis es schließlich doch klappte. Würde ich sie – beziehungsweise etwas Entsprechendes in meiner neuen Branche – heute nicht kriegen, schalte ich in Minutenschnelle einen Gang runter und weiß, dass ich sogar noch etwas Besseres finde.

Konkurrenzbetont bin ich immer noch, aber anders. Heute vergleiche ich mich mit niemandem mehr, weil ich es nicht mehr nötig habe. Eher schon wetteifere ich mit mir selbst. Ich habe immer noch genauso viel Feuer unterm A... wie früher – nur dass es jetzt aus meinem Inneren kommt und nicht von dem Versuch gespeist wird, andere auszustechen. Die Ideen, die ich habe, stehen mir heute klarer vor Augen denn je und sind immer gleich mit Möglichkeiten ihrer Realisierung verbunden. Viele empfehlen, man solle auf seinen Bauch vertrauen, sind dabei aber so beschäftigt, dass sie ihn gar nicht hören können. Bei mir ist das anders, weil ich klar im Kopf bin. Und genau das verschafft mir einen enormen Wettbewerbsvorteil. Ganz ähnlich wie bei den Seattle Seahawks, die 2013 den Super Bowl gewannen, nachdem ihr Chefcoach Pete Carroll den berühmten Sportpsychologen Michael Gervais engagiert hatte, um der Mannschaft das Meditieren beizubringen. Im Spaß sprach daraufhin ein Fernsehreporter vom »Vorteil des Om-Teams«.

Viele der hochkarätigen Geschäftsleute, die unsere Kurse besuchen, bezeugen die Verbesserung ihres Konzentrationsvermögens durch die Meditation und berichten, dass sie jetzt eher rational vorgehen, statt ihre Entscheidungen auf emotionaler Basis zu treffen. Und wenn sogar der legendäre milliardenschwere Hedgefonds-Manager Ray Dalio sagt: »Am meisten zu meinen

Erfolgen beigetragen hat das Meditieren«, dann kann man das wohl mit Fug und Recht als Beleg dafür werten, dass sich die Meditation in keiner Weise negativ auf die Tatkraft auswirkt.

Infolge meiner regelmäßigen Meditationen kann ich heute viel besser zuhören und mein Team leiten, das sich aus sehr unterschiedlichen Menschen zusammensetzt. Früher stand ich immer unter Zeitdruck und fühlte mich von den zig Entscheidungen, die ich Tag für Tag treffen musste, oft wie gelähmt. Inzwischen habe ich gelernt, mich auch einmal zurückzulehnen, ganz präsent zu sein und meine nächsten Schritte in Ruhe zu überlegen, was zu viel besseren Ergebnissen führt. Auch verliere ich mich heute nicht mehr in irgendwelchen Geschichten über Dinge, die »passieren könnten«, sondern konzentriere mich auf das, was ich JETZT bewirken kann. Verrückterweise, und darüber muss ich direkt lachen, gelte ich heute als die »Ausgeglichene«. Meine Mitarbeiter haben große Veränderungen an mir registriert, und sowohl die Produktivität als auch das Engagement meines Teams haben sich in einem Maße gesteigert, das alle meine Hoffnungen übertrifft.

KATHY, 54, VIZEPRÄSIDENTIN UND
GESCHÄFTSFÜHRERIN VON BLOOMINGDALE'S

Sie müssen Ihr Hirn nicht »ausschalten«

Der größte Mythos in Sachen Meditation lautet, man müsse dabei den Geist entleeren beziehungsweise die Gedanken abstellen. Was glücklicherweise nur ein Märchen ist, denn mein Gehirn arbeitet, wie Ihres wahrscheinlich auch, rund um die Uhr.

Beim Meditieren geht es definitiv nicht darum, die Gedanken zu unterbinden – was, nebenbei gesagt, auch gar nicht möglich wäre. Man lässt sie vielmehr aufkommen und weiterziehen, um sich erneut ganz auf den Gegenstand der Meditation zu fokussieren, wieder und wieder. Genau um diesen Prozess dreht sich alles, es ist eine Art Denksport, ein mentaler Bizeps-Curl. Kraftaufbau durch stetiges Wiederholen ein und derselben Bewegung. Mit dem Ziel, dass dieser geistige Muskel im Alltag für Sie arbeitet. Bald werden Sie das »Abdriften« Ihrer Gedanken immer schneller bemerken und sich neu fokussieren können.

Wie sich das im »echten« Leben auswirkt, möchte ich Ihnen an einem Beispiel zeigen: Ich hatte neulich einen Auswärtstermin und musste auf unserem Parkplatz feststellen, dass mein Wagen von einem anderen Auto blockiert war. Das Gebäude, in dem unser Studio ist, beherbergt mehrere psychiatrische beziehungsweise psychoanalytische Praxen, und es war gerade zehn nach. Natürlich dachte ich sofort: *Was soll das denn? So ein*

Idiot! Ich muss doch los ... Oh, mein Gott! Das dauert jetzt eine Stunde. Und in der Zeit komm ich hier nicht weg. Ich war total reaktiv, spürte förmlich, wie ich in Rage kam.

Es ist keineswegs so, dass ich heute nie mehr genervt wäre. Sie wissen ja: *Verhindern lassen sich Gedanken und Gefühle nicht.* Im Unterschied zu früher kann ich sie heute aber schnell zurückpfeifen und bin nur noch kurz ungehalten. Deshalb fing ich mich nach ein paar Sekunden wieder, atmete ein paarmal tief durch und machte mir klar, dass es nichts ändern würde, wenn ich jetzt die Wände hochginge. Also akzeptierte ich die Situation und wollte gerade wieder ins Gebäude zurück, um mir wegen meines Termins eine andere Lösung einfallen zu lassen.

Da geschah etwas, womit ich nicht gerechnet hätte. Die Halterin des Wagens kam aus dem Haus und parkte ihn um, weil ihr wohl klar geworden war, dass er ein anderes Fahrzeug blockiert hatte. Früher wäre ich bestimmt mit quietschenden Reifen losgedüst und hätte die Frau in aller Deutlichkeit wissen lassen, wie sauer ich war. Für sie wäre das nicht schön gewesen, und ich hätte anschließend ein schlechtes Gewissen gehabt. Auf diese Weise hätte ich mir zehn Minuten meines Lebens mit Zorn und unnötiger Anspannung verdorben, wäre mit mir selbst ebenso hart ins Gericht gegangen wie mit der Frau. So aber konnte ich mich schnell wieder von meinen negativen Gefühlen lösen und freundlicher, vernünftiger auf sie reagieren. Ich bedankte mich sogar, weil sie mich nicht bis zum Ende ihrer Stunde hatte warten lassen. So wirkt sich das Meditieren bei mir aus.

Das Aufpoppen der Emotionen ist wichtig, damit Sie sie loslassen und anschließend weiter Ihr Ding durchziehen können. Sie zu unterdrücken macht krank oder depressiv, und wer will das schon? Ebenso wenig, wie das Meditieren Sie vom Denken abhält, unterbindet es Ihre Gefühle – es hilft Ihnen nur, Gedanken und Emotionen schneller bewusst wahrzunehmen. Sobald Sie merken, dass ein Gefühl dabei ist, von Ihnen Besitz zu ergreifen, können Sie einen Schritt zurücktreten und es beobachten. Sie erkennen, dass Sie nicht identisch sind mit Ihren Gedanken und Emotionen. Die sind getrennt von Ihnen. Sie *sind* nicht traurig (auch wenn man das in der deutschen Sprache so ausdrückt, A. d. Ü.), sondern empfinden nur ein *Gefühl* der Traurigkeit. Sie *sind* auch nicht zornig, vielmehr *empfinden* Sie Ärger. In der Unterscheidung Ihrer Person von Ihren Gefühlen liegt der Weg zur Freiheit – die direkte Rückkehr zu Ihrem ruhigen, rationalen Verstand.

Alle Versuche, negative Gedanken zu verhindern oder wegzuschieben, sind zum Scheitern verurteilt. Der Trick besteht vielmehr darin, dass man sie zulässt, wahrnimmt und bewusst erlebt, um sie dann loszulassen. Wichtige Insidertipps zu diesem »Loslassen« unerwünschter Gedanken gebe ich Ihnen in Kürze. Hier vorab nur: Es ist längst nicht so schwierig, wie Sie vielleicht denken.

Ich habe Workshops besucht und mir CDs gekauft, trotzdem hatte ich nie das Gefühl, richtig meditieren zu können. Das änderte sich erst, nachdem mir ein paar Dinge klargemacht wurden. Zunächst einmal, dass man das Denken dabei nicht einstellt. Das ist ja ein sehr weit verbreiteter Mythos. Dann die Idee, sich selbst nur als Denker seiner Gedanken zu begreifen, die ständig kommen und gehen. Und dass man sich, um wieder in seine Mitte zu gelangen, bloß erneut seinem Atem (oder Mantra) zuwenden müsse. Wahnsinn! Diese zwei winzigen Hinweise haben mir echt die Augen geöffnet – und auch den Kopf frei gemacht.

LANA, 43, PR-MANAGERIN

Schlechte Meditationen gibt es nicht

Schlecht sind bloß die, die Sie auslassen.

Sagt Davidji, und ich kann ihm da nur zustimmen. Alle Meditationen bringen etwas – auch die schwierigeren. Wenn Sie die ganze Sitzung über gegen Ihr Gehirn ankämpfen, ist das natürlich frustrierend. Aber auch umso wertvoller. Denn je mehr man kämpft, desto stärker wird der »Muskel«, der einen wieder zum Gegenstand der Meditation zurückbringt. Sich immer wieder neu zu fokussieren, fällt manchmal sehr leicht und manchmal weniger. Doch so oder so baut man den Muskel auf, und das Gehirn wächst dabei auch. Mehr darüber später.

Manche Meditationen empfinde ich selbst heute noch als frustrierend. Seltener übrigens zu Hause als im Studio. Der Laden gehört mir ja, deshalb ist mir natürlich sehr daran gelegen, dass es allen im Raum gut geht. Und so überlege ich mir eigentlich ständig irgendwelche Verbesserungen, die ich einführen könnte. Wenn ich aber selbst meditieren möchte, muss ich mit diesem »Das müssen wir reparieren oder jenes überarbeiten« aufhören und ganz im Hier und Jetzt sein. Ich muss mich von der Idee lösen, mein Umfeld steuern zu wollen, und alles so akzeptieren, wie es in diesem Moment gerade ist. (Wenn mir das gelingt und ich mich ganz auf die Meditation einlasse, kommen mir lustigerweise immer die besten Ideen.) Das ist der Beginn dessen, was ich als Glückseligkeit bezeichne: vollkommen präsent zu sein und nicht zu denken, dass ich die äußeren Umstände irgendwie steuern könnte. Unglaublich, wie viel zufriedener mich das macht.

Bei manchen Meditationen erlebe ich nicht mehr als dreißig Sekunden lang inneren Frieden. Und obwohl ich diese Meditationen vielleicht als »schlecht« etikettieren könnte, sind sie das nicht, weil nämlich auch sie mein Gehirn konditionieren beziehungsweise trainieren. Der Autor und Meditationslehrer Light Watkins bezeichnet das beharrliche Umschalten vom Denken aufs Fokussieren als »inneren Hampelmann« (»Jumping Jacks«), der Yogameister Baron Baptiste spricht von »Fitness für den inneren Zeugen«. Aber wie auch immer Sie den

Aufbau dieses mentalen Muskels nennen mögen: Gut tut er Ihnen allemal.

> Gelegentlich ertappe ich mich auch jetzt noch dabei, dass ich den Faden verliere und sich Gedanken in den Vordergrund schieben wollen. Eines aber ist heute anders: Während ich früher von mir enttäuscht war und das Gefühl hatte, die Sitzung vermasselt zu haben, akzeptiere ich diese meine Nichtakzeptanz inzwischen. Ha. Hört sich absurd an, hm? Aber ich atme einfach und lächele innerlich und atme immer weiter. Auch wenn ich eigentlich nicht mit mir zufrieden bin.
>
> C. J., 57, AUTOR UND LEKTOR

Arten der Meditation gibt es so viele wie Möglichkeiten, ein Ei zuzubereiten

Dieser Satz ist ein Zitat der Meditationslehrerin Olivia Rosewood, einer der fröhlichsten, faszinierendsten, liebevollsten Persönlichkeiten, denen ich je begegnet bin. Das Meditieren lernte Olivia mit acht von George Harrison (ja, genau: *dem* George Harrison – von den Beatles). Später bereiste sie jahrelang die Welt und arbeitete unter anderem mit Eckhart Tolle zusammen. Genau lautet ihr Satz – den ich zitiere, weil ich ihm hundertprozentig zustimme: »Arten der Meditation gibt es so viele wie Möglichkeiten, ein Ei zuzubereiten … und ich liebe sie alle!«

Mit all diesen verschiedenen Stilen werden Sie bombardiert, wenn Sie anfangen, sich in die Welt der Meditation vorzuwagen. Und das fühlt sich so verwirrend an wie im Supermarkt der Gang mit den Müslis. Jeder behauptet, seine Methode sei die einzig wahre und die anderen seien längst nicht so gut; aber damit bin ich nicht einverstanden. Als ich anfing, mich damit zu beschäftigen, habe ich mir fest vorgenommen, für alles offen zu bleiben, und weiß heute, dass sich die Stile zwar im Namen unterscheiden, die wesentlichen Grundprinzipien aber bei allen gleich sind. Es ist eigentlich genau wie bei den Müslis: Das eine ist für Sie vielleicht bekömmlicher, ein anderes schmeckt Ihnen besser. Und ob nun mit Rosinen und/oder Nüssen: Letztlich ist es doch immer noch ein Müsli.

In der Welt der Meditation gibt es viele Traditionslinien, und man könnte Jahre darauf verwenden, sie und ihre jeweilige Geschichte zu studieren. Interessant wäre das bestimmt, aber eins ist sicher: Um meditieren zu können, brauchen Sie diese Informationen nicht. Ich gebe Ihnen jetzt einen kleinen Überblick, sodass Sie selbst sehen können, wodurch sich die Schulen voneinander unterscheiden und was allen gemein ist.

In puncto Meditation gibt es drei Hauptlager:

1. Camp Mantra
2. Camp Achtsamkeit
3. Camp geleitete Achtsamkeit

Im Camp Mantra dreht sich alles um ein Mantra. Der Begriff stammt aus dem Sanskrit und lässt sich mit »geistiges Werkzeug« übersetzen: *man* steht für Geist und *tra* für Werkzeug. Ein Mantra ist ein bedeutungsfreies Wort, das Sie wieder und wieder stumm wiederholen und das Ihnen als Fokus der Meditation dient. Es zieht Sie aus dem Geplapper in Ihrem Kopf heraus und führt Sie zu sich selbst. Das Mantra ist zumeist sehr einfach, wie etwa »Om« oder »Ich bin«. Bei der Meditation lassen Sie alle Umgebungsgeräusche und Empfindungen zu, doch sobald Sie merken, dass sich Ihr Geist von dem Mantra abwendet, führen Sie ihn sanft wieder zurück.

Das ist schon alles. So geht es immer weiter. Bisweilen – und mit zunehmender Übung immer öfter – werden Sie die Lücke zwischen der Fokussierung auf das Mantra und Ihren normalen Gedanken erleben. Das ist das Nichts, die Leere ohne Sorgen, Angst und Ablenkung. Ein herrliches Gefühl von Geräumigkeit und reinem Bewusstsein. Und dann … pardauz! … zieht der Geist Sie wieder daraus hervor und ins Denken hinein. Den Weg zurück finden Sie über Ihr Mantra.

Ich arbeite beim Meditieren gern mit einem Mantra, weil ich auf diese Weise schnell und einfach aus meinen Gedanken herauskomme. Es ist ähnlich wie mit dem Zählen. Bis zehn zählen und gleichzeitig an etwas anderes denken? Geht nicht. Versuchen Sie es jetzt gleich einmal, dann verstehen Sie, was ich meine.

Auf dem Gelände von Camp Mantra stehen drei Hütten:

Hütte eins: Transzendentale Meditation (»TM«)
Hütte zwei: vedische Meditation
Hütte drei: Urklangmeditation

Die Transzendentale Meditation geht auf Maharishi Mahesh Yogi zurück, den berühmten Guru der Beatles. Er entwickelte die TM in Indien und brachte sie Ende der Fünfzigerjahre in den Westen. Charakteristisch sind die von Maharishi energetisch aufgeladenen und markenrechtlich geschützten Mantras, die man als persönliches Geheimwort erwerben kann, das man niemandem verraten darf. Am Anfang der Praxis steht hier ein viertägiger Einzelkurs bei einem TM-Lehrer. Dieser Kurs beginnt mit einer Zeremonie, bei der Sie der Person Blumen und Obst überreichen. Die Lehrkraft ihrerseits stimmt einen Gesang in Sanskrit an. Auf einem mit Reis und hinduistischen Gebetsperlen bedeckten Altar, den auch ein gerahmtes Foto des Maharishi Mahesh Yogi ziert, wird Räucherwerk entzündet. Im weiteren Verlauf des Kurses werden Sie in die Philosophie der Meditation eingeführt und meditieren unter Anleitung täglich zwanzig Minuten lang mithilfe Ihres persönlichen Mantras, das Sie vom Denken weg- und mitten in Ihr stilles Zentrum im Hier und Jetzt hineinführt. So weit die Kurzversion. Näheres erfahren Sie unter www.meditation.de.

Nebenan, in der zweiten Hütte von Camp Mantra, wohnt die vedische Meditation. Sie ähnelt der Transzendentalen Meditation, ist aber älter und kommt ohne Markenschutz aus. Hier sind es mehrere Gurus, die die Mantras weitergeben. Und während auch Altar und Zeremonie an die TM erinnern, ist in den Bilderrahmen nicht immer dasselbe Gesicht zu sehen.

Wenn wir weitergehen, erreichen wir Hütte drei: die Urklangmeditation. Bei diesem Stil werden Mantras verwendet, die einen speziellen Schwingungsklang erzeugen, zum Beispiel »Om«. Der Urklang ist tief in der vedischen Tradition verankert. Theoretisch gibt es für jeden von uns einen ganz bestimmten Ton, der in dem Individuum widerhallt und auf den Klang zurückgeht, den das Universum bei der Geburt dieses Menschen hervorgebracht hat. Ihren persönlichen Klang können Sie sich von darauf spezialisierten Lehrern berechnen lassen. Oder Sie chanten die Silbe »Om« so tief, dass sie in Ihrem Brustkorb zu schwingen beginnt, und achten darauf, wie es sich anfühlt.

Jenseits des Sees, am anderen Ufer, finden Sie das Camp Achtsamkeit. Dessen Bewohner glauben, mit denen aus dem Mantra-Lager keine Gemeinsamkeiten zu haben; im Grunde aber sind die Unterschiede gar nicht so groß, abgesehen von der Zeremonie. Statt sich eines Mantras zu bedienen, arbeitet man im Camp Achtsamkeit mit dem Atem. Genauso gut können Sie sich aber auch auf etwas Äußeres fokussieren, zum Beispiel die

Flamme einer Kerze, einen Duft oder Geschmack – im Prinzip auf alles, was Sie im gegenwärtigen Moment verankert. Wie Untersuchungen ergeben haben, ist die Wirkung im Gehirn immer dieselbe – ob Sie sich nun auf Ihren Atem, auf eine Empfindung oder ein Wort fokussieren. Es sind eben alles nur Müslis – und gleichermaßen köstlich.

Die Begründer des Camps Achtsamkeit sind Jon Kabat-Zinn und Jack Kornfield. Jon Kabat-Zinn ist Autor des Meditationsklassikers *Im Alltag Ruhe finden* sowie Urheber des berühmten MBSR-Programms (Achtsamkeitsbasierte Stressreduktion), eines achtwöchigen Kurses, der erstmals 1979 am Medical Center der University of Massachusetts angeboten wurde. Seine wissenschaftlich bewiesene Wirksamkeit entwickelt dieses Programm bei der Bewältigung verschiedenster Probleme, angefangen bei Alltagsstress bis hin zu lebensbedrohlichen Erkrankungen. Inzwischen werden derartige Kurse in Hunderten medizinischer Zentren überall auf der Welt angeboten, unter anderem im Duke Integrative Medicine und im MD Anderson Cancer Center.

Jack Kornfield seinerseits gehört zu den »Gründervätern« des westlichen Buddhismus, hat mehrere Bestseller geschrieben und gibt schon seit über vierzig Jahren Meditationsunterricht. In Amerika war Kornfield Wegbereiter der Vipassana-Meditation, einer buddhistischen Achtsamkeitsübung, die ursprünglich aus Indien kommt. Das Sanskrit-Wort *vipassana* bedeutet

»die Dinge so sehen, wie sie wirklich sind«. Auch hierbei geht es um den Atem, um Fokussierung auf etwas Bestimmtes. Anders sind nur der Name sowie die geistigen und spirituellen Grundlagen.

Am Ende unseres Weges liegt das dritte Lager, das Camp geleitete Achtsamkeit. Dabei werden Sie auf eine Reise begleitet, die an einen ganz besonderen Ort führt. Deshalb vergleiche ich dieses Lager gern mit einem jener coolen Spacecamps. Denn stellen Sie sich doch einmal vor: Sie begeben sich auf eine Fantasiereise in die Karibik, statten Ihrem künftigen Selbst einen Besuch ab oder entdecken verborgene Wünsche und Träume, deren Sie sich nie zuvor bewusst waren. Ich liebe diese geführten Visualisierungen, weil man dabei nie weiß, wie sie sich entwickeln.

Statt auf ein Mantra oder den Atem fokussieren Sie sich in diesem Camp auf die Stimme der »Reiseleitung« und folgen ihrer Wegbeschreibung. Sobald Sie merken, dass Sie ins Denken abdriften, lenken Sie die Aufmerksamkeit wieder auf Ihren Fokus zurück, nur diesmal nicht auf ein Mantra oder den Atem, sondern auf die Stimme und Ihre Fantasie.

Zusammenfassend kann man also nur sagen: Ob gekocht, pochiert oder als Spiegelei – jede Zubereitungsart ist es wert, probiert zu werden. Denn nur so finden Sie heraus, welche Ihnen am meisten zusagt.

Und da wir gerade über Vielfalt sprechen …

Joggen/Kochen/Golfspielen
ist nicht dasselbe wie Meditieren

Viele betrachten ihr Joggen, Fahren, Lesen oder was immer sonst sie regelmäßig tun, um in die »Zone« zu gelangen, als Meditation. *Meditativ* sind solche Aktivitäten insofern, als sie einen aus dem normalen Gedankenfluss herausholen. *Meditationen* aber sind sie keine. Man schaltet dabei zwar durchaus ab, das will ich gar nicht bestreiten, doch der entscheidende Unterschied ist, dass man sich bei diesen Aktivitäten gedanklich treiben lässt. Und das ist das genaue Gegenteil der Fokussierung auf einen einzigen Punkt. Was jedoch auf Dauer das Gehirn umbaut – und das Leben –, ist das ständig wiederholte Zurücklenken der Aufmerksamkeit, sobald sie abschweift.

Davidji erklärt diesen Unterschied so: »Wenn Sie Ihren Gedanken einfach freien Lauf lassen, begeben Sie sich auf diese Riesenreise, die letztlich nichts anderes ist als eine ewige Tagträumerei. Haben Sie dagegen ein Objekt, auf das Sie Ihre Aufmerksamkeit immer wieder zurücklenken, wie Ihren Atem, entwickeln Sie etwas ganz Neues.«

Also gehen Sie unbedingt laufen oder backen Ihre Kekse, wenn es Sie entspannt. Und danach setzen Sie sich hin und meditieren, damit Sie all diese Aktivitäten noch hundertmal mehr genießen und wertschätzen können, als Sie es jetzt schon tun.

Erstaunliche und herrliche Dinge können geschehen

Ich wünschte mir wirklich von Herzen, dass jeder Mensch auf diesem Planeten meditieren würde. Das ist mein erklärtes Ziel, weil ich weiß, dass das Meditieren *jedem* guttut. *Woher* ich das weiß? Weil ich es beobachtet und miterlebt habe. Aber mehr noch, weil mittlerweile, wie schon gesagt, praktisch alle Behauptungen über die Wirksamkeit des Meditierens wissenschaftlich bewiesen sind.

Gründe zu meditieren gibt es Tausende. Für mich aber ist der wichtigste, dass es wirklich und wahrhaftig das Gehirn verändert. Es führt zu physiologischen Umformungen der grauen Substanz, macht klüger, glücklicher und ruhiger. Und das ist kein Hype, sondern Ergebnis wissenschaftlicher Untersuchungen.

Die Neurowissenschaftlerin Sara Lazar vom Massachusetts General Hospital und der Harvard Medical School hat zwei Studien durchgeführt, in denen sie mithilfe bildgebender Verfahren nachweisen konnte,

dass Meditieren das Gehirn umbaut. In einem faszinie-
renden und überaus sehenswerten TEDx Talk (mit
deutschen Untertiteln), einem Vortrag auf einer Innova-
tionskonferenz, fasst sie die Ergebnisse ihrer Arbeit zusammen. Hier das Wichtigste daraus:

Zunächst verglich Lazar die Gehirnscans von regelmäßig Meditierenden aus dem Raum Boston mit denen
von Leuten, die nicht meditierten. In der ersten Gruppe
stieß sie auf Hirnregionen mit vermehrter grauer Substanz – das betraf vorrangig die vordere Hirnrinde, die
das Erinnerungsvermögen steuert und für Entscheidungsprozesse zuständig ist. Man weiß, dass die graue
Substanz in diesem Bereich mit zunehmendem Alter
schrumpft – weshalb die Leute irgendwann anfangen,
ständig ihre Brille zu suchen, oder länger brauchen, bis
sie sich zu einer Entscheidung durchringen können.
Aber hier wird es jetzt richtig cool: Die Gehirnscans
zeigten nämlich, dass diese Region bei regelmäßig meditierenden Fünfzigjährigen genauso viel graue Substanz aufwies, wie es bei Nichtmeditierenden im Alter
von fünfundzwanzig der Fall war. Das heißt: kein
Schrumpfen, keine Gedächtnisschwäche, keine Verlang-
samung der Denkprozesse.

Doch resultierte dieses Ergebnis womöglich daraus,
dass die Angehörigen der ersten Gruppe bereits sehr
lange meditierten? Um dieser Frage nachzugehen, führ-
ten Sara Lazar und ihr Team eine zweite Untersuchung
durch, diesmal an und mit Menschen, die nie zuvor

meditiert hatten. Deren Gehirne scannten die Wissenschaftler und ließen dann eine Gruppe den achtwöchigen MBSR-Kurs zur Stressreduktion absolvieren, der vorsieht, dass sie täglich dreißig bis vierzig Minuten meditierten (durchschnittlich waren es siebenundzwanzig Minuten am Tag). Als nach Ablauf der zwei Monate neuerliche Gehirnscans vorgenommen wurden, waren auch deren Ergebnisse erstaunlich: Im Vergleich zu den Mitgliedern der Kontrollgruppe wiesen die Meditationsfrischlinge markante physiologische Unterschiede der Hirnregionen auf, die unter anderem für Lernerfolge, Gedächtnis, Konzentrationsfähigkeit, Emotionssteuerung und Empathie zuständig sind.

Das also ist einer der wichtigsten Gründe für meine Liebe zur Meditation. Und dabei brauchen Sie es nicht einmal zu versuchen. Sie müssen sich einfach hinsetzen, es tun – und schon wird sich Ihr Gehirn neu verdrahten.

Nicht zu vergessen die vielen anderen Effekte, die Ihr Leben von Grund auf verändern werden. Die Ergebnisse sind von Mensch zu Mensch verschieden. Aber ich kenne niemanden, der nicht wenigstens einige Verbesserungen zu verzeichnen hat. Hier im Schnelldurchlauf meine Favoriten – ergänzt um die interessantesten Einsichten verschiedener Meditationsexperten:

Meditieren macht glücklicher und zufrieden

Meditieren ist das beste Rezept für größtmögliche Lebensfreude.

OLIVIA ROSEWOOD

Es gibt kaum etwas, das ich lieber tue, als zu beobachten, wie sich die Gesichter meiner Schülerinnen und Schüler beim Meditieren verändern. Vollkommen gestresst vom Verkehr und Trubel in Los Angeles kommen sie ins Studio gehastet, genervt und aufgelöst. Wenn sie den Meditationsraum eine Dreiviertelstunde später verlassen, sehen sie aus, als hätten sie gerade eine Woche im Spa hinter sich.

Aber was mich so richtig begeistert, ist die Entwicklung, die sie innerhalb weniger Wochen (oder manchmal auch nur Tage) durchlaufen. Sie werden rundum glücklicher. Heiterer, leichter, zufriedener. Ihre Körperhaltung verbessert sich. Sie lächeln viel öfter. Das Mehr an Lebensfreude scheint ihnen aus allen Poren zu strahlen: Es äußert sich im Aussehen, in der Stimme, im Gang und in ihrer Interaktion mit anderen.

Und was das Beste ist: Dieser Glückskick hält an. Denn im Zuge der Neuverdrahtung des Gehirns erhöht sich auch die individuelle Glückskapazität. Kleine Happiness-Booster wie etwa ein Urlaub sind ganz nett, halten aber nicht lange vor. Selbst »sehr erholsame Ferien« wirken nur zwei Wochen lang nach, haben Forscher in den Niederlanden herausgefunden. Meditieren ist viel billiger als ein Strandurlaub und macht uns erwiesenermaßen auf lange Sicht glücklicher und zufriedener. Sodass wir nicht mehr verreisen müssen, um fortwährende Urlaubserholung genießen können.

Wir alle verfügen über etwas, das Psychologen als »festen Glückswert« bezeichnen, das individuell unterschiedliche Maß an Lebenszufriedenheit. Meines ist vielleicht höher, das einer oder eines anderen mag niedriger sein. Doch für jeden, der nicht schon in größter Seligkeit geboren wurde, habe ich eine gute Nachricht: *Dieser Glückswert ist nicht in Stein gemeißelt.* Denn wie festgestellt wurde, können sich Neuronen neu herausbilden. Das heißt, dass sich das Gehirn darauf trainieren lässt, überglücklich zu werden, statt nur leidlich zufrieden zu sein. Oder wie die Meditationslehrerin Amy Budden gern sagt: »Die Meditation kann sich über Umwelt und Gene hinwegsetzen und dazu beitragen, das Glücksempfinden fest im Menschen zu verankern.« Ihrer Seligkeit sind also keinerlei Grenzen gesetzt!

Im Folgenden möchte ich nur eine kleine Auswahl von Studien kurz ansprechen, die beweisen, dass uns das Meditieren tatsächlich glücklicher macht:

- Die Untersuchungen der Neurowissenschaftlerin Sara Lazar zeigen auch, dass durch regelmäßiges Meditieren die Amygdala schrumpft, jener Teil des

Gehirns, der für Furcht und Angst zuständig ist. Weniger Furcht und Angst bedeuten weniger Stress. Und weniger Stress heißt: mehr Lebensfreude.

- Aus einer Studie von Wissenschaftlern der University of California in Davis geht hervor, dass Meditieren den Spiegel des als Stresshormon bekannten Cortisols im Körper reduzieren kann. Also: weniger Cortisol, weniger Stress, mehr Lebensfreude. Erkennen Sie das Muster?

- In Zusammenarbeit mit Jon Kabat-Zinn unterzogen Dr. Richard Davidson und seine Mitarbeiter von der University of Wisconsin eine Gruppe gestresster Biotechniker Kabat-Zinns achtwöchigem MBSR-Programm. Anschließend wiesen die Absolventen des Kurses mehr Aktivität im linken präfrontalen Kortex auf – dem Bereich des Gehirns, in dem Zufriedenheit und Ruhe zu Hause sind – als ihre Kollegen, die nicht an diesem Programm teilgenommen hatten.

- Aus einer Studie von Wissenschaftlern der Universität Yale geht hervor, dass erfahrene Meditierende in der Lage sind, ihre Tagträume runterzufahren. Warum das von Bedeutung ist? Weil sich unsere Gedanken beim Hin-und-her-Wandern normalerweise in Sorgen und Grübeleien ergehen. Anders ausgedrückt: Wer sich nur selten seinen Tagträumen überlässt, ist glücklicher. Eine Harvard-Studie wiederum hat ergeben, dass sich Menschen als viel glücklicher bezeichnen, sobald sie sich einer Aktivität mit höchster Konzentration widmen, als wenn sie ihren Gedanken freien Lauf lassen.

- Eine in *JAMA Internal Medicine* veröffentlichte Untersuchung der medizinischen Fakultät der Johns Hopkins University ergab, dass Meditieren bei Angst- und depressiven Störungen ähnlich wirkt, wie es Psychopharmaka tun. Psychisches Wohlbefinden und Glück, ganz ohne ärztliche Verschreibung.

Als ich angefangen habe zu meditieren, ging es mir sehr schlecht. Ich stand kurz vor der Scheidung, und das Scheitern meiner Beziehung hatte mich total fertiggemacht. Weil ich nie zuvor allein war, fühlte ich mich sehr einsam und war todtraurig. Dann fing ich an zu meditieren und nahm das sehr ernst. Ganze drei Monate lang meditierte ich dreimal die Woche, und mit jeder Sitzung bemerkte ich größere Veränderungen.

Das Erste, was mir auffiel, war, dass meine Traurigkeit nachließ und ich mit dem Alleinsein besser klarkam. Ich wurde zufriedener und experimentierfreudiger, offener für Neues. Insgesamt fühlte ich mich ausgeglichener und gelassener, regte mich im Straßenverkehr weniger auf oder wenn ich kritisiert wurde. Und jetzt, da ich wieder angefangen habe, mich mit Männern zu treffen, kriege ich schnell mit, was mir guttut und was nicht. Ich analysiere nicht mehr alles zu Tode und nehme nicht mehr so vieles persönlich. Bin dankbar für alles, was ich habe, und auch für mein Umfeld. Bin bedeutend präsenter geworden, lebe ganz im Augenblick. Alles Mögliche könnte ich noch aufzählen, denn das Meditieren hat mein ganzes Leben auf den Kopf gestellt und in so vielerlei Hinsicht verbessert! Schauen wir mal, was in einem Monat ist …

COURTNEY, 35, FERNSEHREPORTERIN

Sie werden besser mit den Herausforderungen des Lebens klarkommen

Meditieren erhöht die Widerstandskraft, die unabdingbar ist, um ein glückliches Leben führen zu können, weil sie einen befähigt, immer wieder aufzustehen und weiterzumachen. Das heißt nicht, dass keine Probleme auftreten – aber man kann sie besser bewältigen und lässt sich von ihnen nicht mehr unterkriegen. Weil man allmählich lernt, seine Reaktionen zu steuern.

LAURIE COUSINS

Etwas Ärgerliches geschieht. Sie reagieren.
Etwas Enttäuschendes geschieht. Sie reagieren.
Noch etwas geschieht und noch etwas und noch etwas.
Und Sie reagieren, reagieren, reagieren.

So geht es den meisten von uns, immerzu. Das ist ganz normal. Und läuft vollkommen automatisch ab: Etwas macht uns einen Strich durch die Rechnung, und reflexartig halten wir dagegen. Ohne Pause zwischen Reiz und Reaktion. Einfach so:

VORFALL → AUTOMATISCHE REAKTION

Das Problem: Getriggert wird dabei zumeist Negatives. Ein Problem tritt auf, und auf der Stelle empfinden wir Zorn, Angst, Frust, Schuldgefühle und so weiter. Dieses automatische Reagieren fühlt sich nicht nur ungut an, sondern trübt auch das rationale Denk- und Entscheidungsvermögen. Mit der Folge, dass wir nur immer weiter im Mist herumdümpeln.

Die Meditation befreit uns daraus, indem sie eine kleine Lücke zwischen dem Vorfall und der Reaktion darauf erzeugt. So, als würden Sie einen imaginären Pausenknopf drücken, der die Zeit anhält und Ihnen die Möglichkeit gibt, sich zu beruhigen und zu sammeln – innerhalb von Sekundenbruchteilen.

Angenommen, ausgerechnet im allerungünstigsten Moment bricht Ihr Rechner zusammen. Da ist dieser wichtige Abgabetermin … gar nicht gut! Das Repertoire Ihrer gewöhnlichen Reaktionsmuster auf diese Situation könnte nun so aussehen:

a. blinde Panik

b. rasende Wut auf den Hersteller oder die Technik im Allgemeinen

c. bittere Selbstvorwürfe, weil Sie verabsäumt haben, die »wichtigen Updates« durchzuführen

Oder aber Sie drücken zwischen dem Crash des Rechners und Ihrer automatischen Reaktion darauf den Pausenknopf. In diesem Szenario ereignet sich etwas, die automatische Reaktion darauf setzt ein – jetzt allerdings nehmen Sie dies wahr. Und in dem Moment, in dem Sie es bemerken, lösen Sie sich davon. In der winzigen Lücke, die sich nunmehr auftut, können Sie entscheiden, wie Sie mit der Situation umgehen möchten. Sie können bewusst darauf eingehen, statt Hals über Kopf auf Autopilot zu schalten. Dann läuft es nicht mehr so:
VORFALL → AUTOMATISCHE REAKTION, sondern eher so:

VORFALL → ATMEN, PAUSE, DENKEN →
BEWUSST UND IN ALLER RUHE AUF DIE
SITUATION EINGEHEN

Das Schöne am Meditieren ist, dass sich diese Neuverdrahtung nach einigem Üben ganz von selbst einstellt. Dafür müssen Sie nicht das Geringste tun – außer üben.

Das Beobachten Ihrer Gedanken während des Meditierens trainiert Ihr Gehirn darauf, sich von ihnen zu lösen, und diese Distanz gibt Ihnen Ihre Entscheidungsfreiheit zurück.

Von der *Unplug*-Lehrerin Natalie Bell habe ich einen tollen Trick gelernt, diese Loslösung von den eigenen Gedanken und Gefühlen zu bewerkstelligen. Natalie arbeitet mit zahlreichen Führungskräften, Firmen und Organisationen zusammen, wie etwa der National Football League, der Schnellrestaurantkette Chipotle, der Deutschen Bank und der Wharton School of Business; sie weiß deshalb genau, wie wichtig die Befreiung von automatischen Reaktionsmustern und ein rationales, besonnenes Verhalten sind. Ihr Trick: Gedanken oder Gefühle benennen, sobald sie sich einstellen. Also, zum Beispiel: *Oh, jetzt werde ich aber sauer.* Oder: *Das macht mich nervös.* Hört sich viel zu einfach an, um klappen zu können, funktioniert aber hervorragend. Wie Natalie sagt, ist es wissenschaftlich erwiesen, dass sich die Amygdala (der für die Flucht-oder-Kampf-Reaktion zuständige Teil des Gehirns, in dem Stress entsteht) beruhigt, sobald wir den Gedanken benennen, der sich hinter einem Gefühl verbirgt. Auf diese Weise werden Sie zum Beobachter des Gedankens und lassen sich nicht mehr so von ihm vereinnahmen. Sobald Sie den Gedanken als solchen wahrgenommen haben, ist er von Ihnen getrennt; Sie sind hier, und er ist irgendwo dahinten. Sie beobachten ihn und lassen ihn ziehen, damit Sie ins Hier und Jetzt zurückkehren können, in Ihre Mitte, die Zone … wie auch immer Sie es nennen mögen.

Besonders hilfreich ist das Benennen, wenn Sie mit dem Meditieren erst anfangen. Aber ich nutze dieses Instrument auch heute noch. Sobald ich merke, dass ich abgedriftet bin, gebe ich dem, was da gerade geschieht, einen Namen – und das bringt mich zu meinem Atem zurück. Manchmal sage ich mir: *Ich bin schon wieder dabei, eine To-do-Liste zu erstellen.* Bei anderer Gelegenheit: *Es nervt mich, dass ich mich nicht richtig entspannen kann.* Dann lenke ich die Aufmerksamkeit wieder auf meinen Atem, und es fällt mir gar nicht schwer, das innere Geplapper abzustellen. Nach einiger Zeit werden Sie diesen Prozess des Benennens und Loslassens wie selbstverständlich durchlaufen – ohne dass Sie groß darüber nachdenken müssten.

Natalie warnt allerdings davor, das »Loslassen« von Gedanken und Gefühlen mit deren Verdrängung zu verwechseln. Denn zwischen beiden besteht ein großer Unterschied. Wobei das Verdrängen sowieso nicht funktioniert, Gedanken und Gefühle sind nicht zu unterdrücken. Stattdessen lassen wir sie zu. Wir gestatten ihnen hochzukommen, damit wir ihrer gewahr werden und sie loslassen können, statt uns in irgendeiner Reaktion darauf zu verstricken. Eigentlich sollte man sich über das Auftauchen *jedes* Gedanken freuen, bedeutet es doch, dass er einen nicht mehr heimlich steuern kann.

Wenn Sie damit weitermachen, Ihr Gehirn zu trainieren, können sogar noch weit bemerkenswertere Dinge geschehen. Dann wirken die kleinen Herausforderungen des Lebens bald viel weniger bedrohlich. Weil sich nämlich Ihre Einstellung ihnen gegenüber verändert. Ihre Widerstandskraft vergrößert sich genauso wie Ihre Fähigkeit, sich auf die Gegebenheiten des Augenblicks einzulassen. Dann entbinden Sie sich von den inneren Konflikten, die mit dem Wunsch einhergehen, die Dinge wären anders, als sie sind, und handhaben stattdessen alles, was auf Sie zukommt, mit klarem Blick und großer Gelassenheit. Das soll nicht heißen, dass es Sie unberührt ließe, wenn das Leben Ihnen Knüppel zwischen die Beine wirft – sondern nur, dass Sie in der Zone bleiben, die es Ihnen erlaubt, sie in aller Ruhe beiseitezulegen. Und je öfter Sie das tun, desto mehr verändert sich Ihre Gesamtperspektive auf das Leben.

Auch durch schwere Schläge des Lebens hilft uns die Meditation hindurch – und zwar tief greifend. Vielleicht bemerken Sie die Wirkung, die die Praxis auf Sie hat, sogar erst, wenn Sie vor ein ernstes Problem gestellt werden und plötzlich erkennen, um wie viel besser Sie mittlerweile in der Lage sind, damit umzugehen. Olivia Rosewood war es beschieden, dass ihre zwei Töchter mit einem Geburtsfehler auf die Welt kamen. Damit sie überleben konnten, mussten beide jahrelang immer wieder ins Krankenhaus und wurden mehrfach operiert. Während einer dieser OPs erlitt das jüngere der

Mädchen aufgrund einer Unterbrechung der Sauerstoffversorgung einen bleibenden Hirnschaden. Angesichts dieser schlimmen Erfahrungen könnte man nun denken, Olivia wäre verzweifelt, zornig oder verbittert, aber das genaue Gegenteil ist der Fall. Sie selbst sagt: »Ich bin sehr dankbar dafür, dass ich ein Kind mit besonderen Bedürfnissen habe, weil mir diese Aufgabe zu mehr Tiefe verholfen hat. Und schon allein deshalb hat sich mein ganzes Meditieren schon gelohnt. Angesichts einer großen Herausforderung wie einer lebensbedrohlichen Lage stellen die gesammelten Meditationserfahrungen so etwas wie ein energetisches Sparkonto dar, von dem man in dieser Situation nach Belieben abheben kann. Es erlaubt dir, die Dinge so zu akzeptieren, wie sie sind, statt sich ihnen zu widersetzen.«

Ist das nicht großartig?

Zu genau einer solchen Positivität und Belastbarkeit verhilft uns die Meditation: einfach dadurch, dass wir uns täglich gezielt hinsetzen, die Augen schließen und atmen.

Nach einigen größeren Veränderungen meiner Lebensumstände – innerhalb von nur zwei Jahren habe ich geheiratet, den Beruf gewechselt und bin Vater geworden – fing ich plötzlich an, unter Panikattacken mit schwerem Herzrasen zu leiden. Zweimal habe ich sogar die Notaufnahme aufgesucht, weil ich dachte, ich bekäme einen Infarkt. Die Ärzte dort rollten nur mit den Augen und empfahlen mir die

Einnahme von Alprazolam, einem Medikament zur kurzfristigen Behandlung von Angststörungen, aber ich wollte nicht ruhiggestellt werden, sondern lieber einen anderen Weg einschlagen. Also fing ich an zu meditieren, und von da an wurde alles anders.

Am besten kann ich es wohl mit einem Bild beschreiben: Das Meditieren ermöglichte es mir sozusagen, gedanklich auf einer Parkbank zu sitzen und alles an mir vorbeiziehen zu lassen. Es erdete mich und gab mir so die Kontrolle über praktisch alle meine Gefühle. Egal, wo ich mich gerade befand, ich schloss die Augen und verankerte mich in meinem Atem, ganz ähnlich wie auf meiner gedanklichen Parkbank. Alles andere – zum Beispiel meine Angstgefühle – versah ich mit einer Bezeichnung und beobachtete es einfach, statt es durchleben zu müssen.

Durch das Meditieren habe ich gelernt, auch im größten Stress ein friedvolles Leben zu führen. An vielen der Dinge, die so geschehen, kann man eh nichts ändern, und da ist es doch viel sinnvoller, in Harmonie mit ihnen zu leben. Für den Lärm taub macht dich die Meditation nicht, aber sie zeigt dir, wie du mit ihm leben kannst. Wir werden nie aufhören, den Lärm zu hören. Erfolgreiches Meditieren aber zeigt sich unter anderem darin, dass wir das zu akzeptieren lernen und den Stress besser bewältigen, statt vergeblich darauf zu hoffen, dass er verschwindet.

PAUL, 46, MAKLER

Sie werden erfolgreicher

Meditation verleiht die Präzision und Konzentrationsfähigkeit, die nötig sind, um Bestleistungen erbringen zu können. Im Zuge dieses Gehirntrainings nimmt die Klarheit Ihrer Entscheidungsprozesse zu, Ihre Produktivität im Beruf steigt, und Sie beziehen eine größere Befriedigung aus Ihrer Arbeit.

NATALIE BELL

Dass Meditation erfolgreicher macht, kann jeder bestätigen, der sich regelmäßig darin übt. Warum? Weil Sie dabei lernen, sich besser zu fokussieren, Ihr Gedächtnis schärft sich, und Sie werden in die Lage versetzt, sich – willkürlich – auf den Teil des Gehirns zu kaprizieren, der dafür sorgt, dass Sie Ihre Arbeit auch erledigt kriegen. Hinzu kommt, wie der Medienmogul Russell Simmons, ein entschiedener Verfechter der Meditation, 2016 auf der Weltkonferenz der Denkfabrik Milken Institute sagte: »Meditation macht zufrieden, und Zufriedenheit bringt Geld ein.«

Die *Unplug*-Lehrerin Lena George bezeichnet sich selbst als »Gehirn-Nerd«. Sie ist zertifizierte Hypno- und EFT- (Emotional Freedom Technique) bzw. Klopf-Therapeutin sowie Expertin auf dem Gebiet der neurologischen Effekte der Meditation. Warum und wie das Meditieren erfolgsfördernd wirkt, erklärt sie mit den folgenden Worten:

Die Meditation verbessert das rationale Denkvermögen. Denn dabei trainieren wir unser Gehirn darauf, von einer Partie in eine andere umzuschalten: von der Amygdala, dem primitiven, reaktiven Teil, in den präfrontalen Kortex, der für das höhere Denken zuständig ist. Situationen, die wir als stressig erfahren, stellen im Grunde eine Bedrohung dar. Und sobald wir uns bedroht fühlen, aktivieren wir den primitiven Teil des Gehirns und reagieren, indem wir entweder kämpfen oder flüchten.

Unter Stress sind wir normalerweise vollkommen durcheinander, das heißt: unkonzentriert und unproduktiv. Wir reagieren dann nur noch, statt rational zu denken und proaktiv vorzugehen. Das Meditieren nun ermöglicht es uns, aus dem Kampf/Flucht-Teil des Gehirns herauszutreten und in seinen besonneneren, vernünftigen Bereich umzuswitchen, ebenjenen präfrontalen Kortex, in dem die Fähigkeiten des Analysierens und verantwortungsbewussten Entscheidens angesiedelt sind. Auf diese Weise können wir dem beschränkten Denken entkommen, das uns nur in der Panik belässt, und in den weit effektiveren Modus der Problemlösung schalten.

Sie brauchen noch mehr Beweise dafür, dass sich Ihre Erfolgsaussichten durchs Meditieren vergrößern? Na gut:

- Wussten Sie schon, dass Multitasken die effektiven Leistungen um bis zu 40 Prozent verringert, wie Studien ergaben? Beim Meditieren lernen wir, uns auf eine Sache zu konzentrieren – und werden dadurch automatisch produktiver.
- Die Unternehmen haben in letzter Zeit enorme Fortschritte gemacht: Einige der erfolgreichsten Firmen der Welt – unter anderem Apple, Google, Nike, Procter & Gamble, General Mills, Aetna und die Deutsche Bank – bieten ihren Angestellten heute Meditationskurse an, und manche stellen sogar eigene Meditationsräume zur Verfügung.
- Meditationsschulungen lassen sich unmittelbar in Geld umrechnen. Wie Studien von eMindful, einem Anbieter achtsamkeitsbasierter Onlineprogramme für Unternehmer, zeigen, haben Firmen, die die Kurse gebucht hatten, innerhalb von fünf Jahren eine fast zehnprozentige Rendite erwirtschaftet.

Eines sollten Sie sich allerdings klarmachen: Reicher werden Sie allein durchs Meditieren nicht. Es schafft Ordnung im Kopf, macht Sie aufnahmefähiger, fokussierter, kreativer und produktiver – den Rest müssen schon Sie selbst erledigen.

- Aus Untersuchungen geht hervor, dass regelmäßiges Meditieren sogar zu besseren Schulnoten führen kann.
- Sie empfinden sich als kreativen Menschen? Dann gibt es für Sie keine bessere Muse als die Meditation. Sie wird Ihr Gehirn so verschalten, dass Sie leichter von der Amygdala in den präfrontalen Kortex kommen, wo sich die Inspiration in brillante Einfälle verwandelt und diese auch umgesetzt werden. Wie mir viele der zahlreichen Autorinnen und Künstler, die das *Unplug*-Studio besuchen, berichten, kommen ihnen die besten Ideen immer, wenn sie bei uns meditieren. Im Grunde würde uns eine Provision auf die Honorare zustehen, erwidere ich im Spaß dann gern.

Eigentlich versteht es sich von selbst, aber ich möchte es doch noch einmal ausdrücklich gesagt haben: Die oben angeführten Daten, Zahlen, Fakten zum Thema Erfolg sind natürlich nicht nur für Geschäftsleute von Interesse. Das Meditieren steigert bei jedem die Leistungsfähigkeit – egal, auf welchem Gebiet die betreffende Person tätig ist. Sportler – gerade auch solche Asse wie Basketballer Kobe Bryant, Baseballspieler Derek Jeter und die Super-Bowl-Gewinner Seattle Seahawks – nutzen die Praxis, um ihr Leistungsvermögen anzukurbeln und weil sie sich besser konzentrieren wollen. Malerinnen, Schriftsteller und Musiker berichten, dass das

Meditieren den Fluss der Kreativität bei ihnen steigere. Viel beschäftigte Eltern geben an, mehr Zeit für die Kinder zu haben, seit sie dank des regelmäßigen fokussierten Sitzens besser in der Lage seien, ihre zahlreichen Aufgaben so auszubalancieren, dass keine zu kurz kommt. Einer unserer Schüler, von Beruf Lebenscoach, ist fest davon überzeugt, dass ihm das Meditieren helfe, noch größeres Verständnis für seine Klienten aufzubringen. In all diesen Fällen wurde eine Steigerung der Produktivität erreicht, auch wenn sich diese nicht unbedingt in Dollar beziehungsweise Euro und Cent ausdrücken lässt.

> Wenn ich dem jungen Mann, der ich vor zwanzig Jahren einmal war, nur einen einzigen Rat geben könnte, würde er lauten: Achte auf deinen Atem und meditiere. Denn das verändert alles. Nachdem ich mir bloß ein Jahr lang täglich ein paar Minuten Zeit genommen habe, um präsent zu sein und etwas für mich zu tun, bin ich auf allen Gebieten viel ruhiger, fokussierter und leistungsfähiger geworden: Mein Familienleben hat sich intensiviert, bei der Arbeit gehe ich gelassener und viel zielorientierter vor, und auch mein Selbstwertgefühl hat sich enorm gesteigert.
>
> CLINT, 40, PRÄSIDENT VON
> MADISON WELLS MEDIA

Sie werden gesünder

Mit Sicherheit wissen wir:

Stress macht krank. Schätzungsweise bis zu 95 Prozent aller Erkrankungen gehen auf Stress zurück oder verschlimmern sich dadurch. Eieiei …

Erwiesenermaßen verringert sich Stress durch Meditieren.

Ergo: Eine Meditation pro Tag erspart den Arztbesuch.

Wie genau und warum Sie entschieden gesünder werden, wenn Sie meditieren? Lesen Sie weiter …

Ihr Immunsystem kann sich verbessern

Sie erinnern sich noch an die Studie, die Richard Davidson und Jon Kabat-Zinn mit den gestressten Biotechnikern durchgeführt haben? Dabei hat die eine Gruppe das achtwöchige achtsamkeitsbasierte Programm zur Stressreduktion absolviert, die andere nicht. Nach den zwei Monaten bekamen beide Gruppen einen Grippeimpfstoff verabreicht. Das Ergebnis: Die Probanden, die zuvor meditiert hatten, produzierten bei Weitem mehr Antikörper als die Kontrollgruppe. Und mehr Antikörper heißt: geringeres Gripperisiko.

Der Alterungsprozess verlangsamt sich

Eines meiner Lieblingsphänomene! 2009 erhielt Elizabeth Blackburn zusammen mit Carol Greider und Jack Szostak für ihre Forschungsarbeiten zur Funktionsweise von Telomeren den Medizin-Nobelpreis. Telomere sind schützende Strukturen an den Enden unserer Chromosomen, die man sich ähnlich wie die Plastikkappen an Schnürsenkeln vorstellen kann. Bei der Zellteilung verkürzen sich diese Telomere und fransen aus – was gar nicht gut ist. Denn verkürzte Telomere werden mit Altern und Krebs in Verbindung gebracht. Doch wie Blackburn und Wissenschaftler der University of California in Los Angeles (UCLA) herausfanden, kann bereits eine achtwöchige Meditationspraxis von täglich zwölf Minuten Dauer genügen, um die Aktivität der Telomerase, das »Unsterblichkeitsenzym«, das die Telomere wieder repariert, um ganze 43 Prozent zu steigern. Mit anderen Worten: Meditieren kann die DNA wiederherrichten und den Alterungsprozess verlangsamen. Wenn das keine vielversprechenden Aussichten sind, weiß ich es auch nicht.

Sie schützen Ihr Herz

Da viele unserer Kundinnen und Kunden auf Empfehlung der Ärzte vom Medical Center der UCLA zu uns kommen, lag es nahe, mich dort darüber informieren zu lassen, wieso Meditieren auch für das Herz so gut ist. Ich sprach mit Dr. Tamara Beth Horwich, Privatdozentin für Medizin/Kardiologie, Mitgeschäftsführerin des Zentrums für die Herzgesundheit von Frauen (»Women's Cardiovascular Center«) und medizinische Direktorin des UCLA-Programms zur Rehabilitation Herzkranker. Sie erklärte mir:

Zunehmend wird klar, dass Stress zu den Hauptrisikofaktoren für Herzerkrankungen zählt. Kürzlich hatten wir eine Patientin, an der eigentlich alles stimmt: Sie ist Veganerin, wandert und radelt viel, hatte weder erhöhten Blutdruck noch bedenkliche Cholesterinwerte. Rundherum schien sie top in Form zu sein. Das Einzige, was bei ihr aus dem Rahmen fiel, war eine extreme Stressbelastung. Als sie uns wegen eines Herzanfalls aufsuchte, konnten wir bei der Untersuchung nur feststellen, dass sie nicht in der Lage war, den Stress zu bewältigen, unter dem sie stand.

Dafür, dass das Meditieren Herzerkrankungen vorbeugen kann, gibt es viele Beweise. Denn es kann nicht nur den Blutdruck senken, sondern auch Zuckerwerte und Stresshormone – alles Risikofaktoren für kardiovaskuläre Erkrankungen. In dem intensiven Rehabilitationsprogramm, das wir an der UCLA anbieten, kommt der Meditation eine große Bedeutung zu. Denn sie leistet nicht nur einen entscheidenden Beitrag zur Stressbewältigung, sondern unterstützt die Patientinnen und Patienten darüber hinaus auch beim Durchhalten des gesamten Programms zur Implementierung einer gesunden Lebensweise.

Ihr Blutdruck kann sinken

Wissenschaftler vom Benson-Henry Institute für psychosomatische Medizin am Massachusetts General Hospital fanden heraus, dass bei zwei Dritteln ihrer meditationserprobten Patienten der Blutdruck sank. Und eine unserer Schülerinnen konnte es gar nicht fassen, als sich ihr Blutdruck, der mit 135 bis 148 zu 90 bis 95 ihr ganzes Erwachsenenleben über leicht bis deutlich erhöht gewesen war, auf unglaubliche 106 zu 76 senkte, obwohl sie nichts an ihrem Leben änderte, abgesehen davon, dass sie vier- bis fünfmal die Woche eine halbe Stunde lang meditierte.

Ihre Schmerzempfindlichkeit reduziert sich

Beim Meditieren schüttet der Körper bis zu 65 Prozent mehr Dopamin (das Wohlfühlhormon) und Endorphine aus, die beide das Schmerzempfinden reduzieren. Der auf Schmerztherapie spezialisierten Hypnotherapeutin und Meditationslehrerin Kristin Luman zufolge hat das Schmerzmanagement auch einen mentalen Aspekt: wenn nämlich im Gehirn etwas »klick« macht, das es uns ermöglicht, den Schmerz zu kontrollieren, statt umgekehrt.

Ich möchte Ihnen von Alan, 38, erzählen, der auf Krücken zu *Unplug* kam, nachdem bei ihm eine seltene unheilbare Schmerzstörung im Fußknöchel diagnostiziert worden war. Für einen Sportler und werdenden Vater hätte es schlimmer kaum kommen können. Doch der psychosomatische Behandlungsplan, der für ihn aufgestellt worden war, sah auch tägliches Meditieren vor, und schon nach wenigen Monaten konnte Alan sein Leben fast unbeeinträchtigt weiterführen. Er berichtet:

> Im Zuge meines Heilungsprozesses ist mir aufgefallen, dass mir das Meditieren eine Pause von den ständigen Schmerzen verschafft hat. Und wenn auch nur für zehn Minuten … es war so gut, weil es mir Hoffnung gegeben hat. Hoffnung darauf, dass ich wieder gesund werde. Und abgesehen von den Schmerzen selbst half mir das Meditieren, mit dem Stress fertigzuwerden, der mit der Erkrankung einherging, und auch einmal etwas anderes zu denken als immer nur: *Himmel, was soll bloß werden?* Wie mir mein Arzt erklärt hat, verschlimmert eine solche Schwarzmalerei den

Stress noch, und damit nehmen auch die Schmerz-
signale zu. Die Meditation hat mir aus diesem
Teufelskreis herausgeholfen. Na, und Sie sehen ja
selbst, wie gut es mir jetzt schon wieder geht.

Verspannungen lösen sich

Kennen Sie das wunderbare Gefühl nach einer Massage – oder auch nach einer guten Sport- oder Yoga-
stunde –, bei der die ganze Spannung und der Stress aus
den Muskeln herausgeknetet beziehungsweise -geklopft
worden sind? Doch diese herrliche Wirkung können Sie
auch billiger haben, denn Meditieren hat denselben Ef-
fekt. Schon Hunderte von Malen habe ich beobachten
können, wie stressbedingte Schmerzen, Qualen und andere Symptome praktisch verflogen.

Sie werden besser schlafen können

Seien wir doch mal ehrlich: Wer unter Schlafstörungen
leidet, fühlt sich elend und sieht auch so aus. Dunkle
Augenringe und »Nebel« im Gehirn sind alles andere als
schön, zudem beeinträchtigt Schlaflosigkeit auch das
Immunsystem (herzlich willkommen, Erkältungen und
Grippe) und erhöht das Risiko schwerer Erkrankungen
wie Depression oder Diabetes. Verschiedene Untersu-

chungen belegen, dass Meditation den Schlaf verbessert, und ich kenne zig Personen mit Schlafstörungen, die das nur bestätigen können. Eine Frau hat mir einmal erzählt, dass sie sich früher allabendlich bis zu vier Stunden lang im Bett herumgewälzt hat. Und jetzt schläft sie innerhalb von zehn Minuten ein. Eine andere vergleicht die Wirkung des Meditierens mit einem Schlafmittel und sagte mir wortwörtlich: »Wenn man meditiert, braucht man so 'n Zeug nicht mehr.«

Eines Morgens bin ich mit Schmerzen in der Brust aufgewacht. Glücklicherweise war es kein echter Herzanfall. Hat sich aber genauso angefühlt. Ursache waren ständiger Stress und Beklemmungen. Meine PR-Firma boomte, dafür aber bin ich selbst zu kurz gekommen. Dieser Zwischenfall nun öffnete mir die Augen: So konnte es nicht weitergehen. Mit dem Meditieren anzufangen war damals das Beste, was ich für mich tun konnte, und ich möchte es bis heute nicht missen.

Durch die Meditation bin ich präsenter, ausgeglichener geworden und mehr in meine Mitte gekommen. Sie hilft mir, mich nicht mehr ständig so über Dinge verrückt zu machen, die schiefgegangen sind oder demnächst schiefgehen könnten. Da ich eine posttraumatische Belastungsstörung habe, ist das für mich ein Riesengeschenk. Ich schlafe jetzt auch besser. Und ich hätte nie gedacht, dass ich einmal so ruhig und klar im Kopf sein könnte. Einen Blick für Details hatte ich eigentlich immer schon. Jetzt aber nehme ich alles ganz bewusst wahr: die Vögelchen und Schmetterlinge, die sanfte Brise ... Ich glaube, wirklich zu schätzen weiß ich diese Dinge erst, seit ich regelmäßig meditiere.

LANA, 43, PR-BERATERIN

Auf der Suche nach Erfüllung werden Sie immer weniger Kram brauchen

Die Meditation führt uns näher an uns heran und lässt uns erkennen – wahrhaft erkennen –, dass wir alles, was wir brauchen, schon in uns haben.

DANIELLE BEINSTEIN

Kurz nach meinem Umzug nach Los Angeles war ich auf einer Gala im Museum of Contemporary Art, in deren Mittelpunkt die Performancekünstlerin Marina Abramović stand. Ihre in weiße Laborkittel gekleideten Mitarbeiterinnen und Mitarbeiter hielten weiße Kaffeetassen mit einem Loch in der Hand und mischten sich unter die Anwesenden. In einer Art Sprechgesang gaben sie dabei wieder und wieder die Worte »Ein Künstler will immer mehr von immer weniger« von sich.

Das war genau das, was ich in dem Moment hören musste. Denn schlagartig wurde mir klar, dass auch ich immer mehr von immer weniger wollte. Was für eine Offenbarung! Sie erinnern sich: Zuvor war ich Moderedakteurin und jahrelang von Unmengen an Kram und

Schnickschnack umgeben – je mehr, desto besser. Ich liebte Shoppen und wollte alles haben, was mir unter die Augen kam, ich war der Inbegriff einer Impulskäuferin. Mein Paradies: Einkaufszentren und Großmärkte. Dort fand sich alles, von dem ich nie geahnt hätte, dass ich es einmal brauchen könnte – tja. Eigentlich wollte ich Lebensmittel besorgen, und nach Hause kam ich mit LED-Kerzen, dick gefütterten Stiefelchen und einem Haufen anderem unnützem Krempel. Doch als ich diesen Satz jetzt hörte, fiel es mir wie Schuppen von den Augen: Je mehr Zeug wir ansammeln, desto größer wird auch das Durcheinander im Kopf. Es war also höchste Zeit für ein umfassendes Großreinemachen.

Unsere Gesellschaft geht davon aus, dass »Mehr« glücklich mache: mehr Besitz, mehr Erfolg, mehr Statussymbole. Tief im Inneren wissen wir jedoch, dass teure Schuhe oder eine schicke Villa zwar ganz nett sind und Spaß machen können – nicht aber glücklich. Doch was sonst?

Glücklich macht das Wissen darum, was uns wirklich glücklich macht und was nicht. Da liegt das Geheimnis: in der Selbsterkenntnis. Wenn Sie ganz automatisch so weitermachen, sich immer mehr anschaffen und immer mehr anstreben, halten Sie nie inne, um sich zu fragen, woraus Sie wirklich Erfüllung beziehen könnten. Stattdessen bleiben Sie auf der Jagd nach immer neuem Kram und haben dabei doch stets das Gefühl, dass Ihnen etwas fehlt.

Lange Zeit habe ich gekauft und gekauft, doch die Freude an meinen Neuerwerbungen war nach ein paar Stunden oder höchstens Tagen verflogen. Inzwischen weiß ich: Nicht »mehr« kann das Ziel sein, »weniger« ist es. Und die Befreiung von dieser bodenlosen Raffgier fühlt sich einfach großartig an. Heute kann ich mich an all den schönen Dingen in den Geschäften erfreuen, *haben* aber muss ich sie nicht mehr. Shoppen liebe ich immer noch, alles andere wäre gelogen. Aber ich bin nicht mehr so impulsiv wie früher, sondern denke nach, bevor ich etwas kaufe. Heute ist es kein Zwang mehr, sondern macht mir Freude. Ich bin nicht mehr der Ansicht, alles zu brauchen, was ich sehe, und die paar Dinge, die ich mir gönne, weiß ich sehr zu schätzen.

Was macht mich glücklich? Was ist mir wirklich wichtig? Diese und ähnliche Fragen stellen Sie sich beim Meditieren. Und aus den Antworten, die Sie finden, ergibt sich, was »Glück« tatsächlich für Sie bedeutet und wie Sie es erlangen.

Auch hilft Ihnen die Meditation dabei, alles loszulassen, was Sie nicht mehr wollen oder brauchen, um gesund und heil zu sein. Schlechte Angewohnheiten und Abhängigkeiten werden überwunden. Und zwar nicht durch Magie, sondern allein aufgrund eines Bewusstwerdungsprozesses. Die auf achtsamkeitsbasierte Suchtarbeit spezialisierte *Unplug*-Lehrerin Laurie Cousins erklärt: »Wenn wir auf Autopilot schalten und rein mechanisch agieren, greifen wir auf Gewohntes zurück.

Was nicht unbedingt produktiv ist. Solche automatisierten Denkmuster, die der Auslöser impulsiven Handelns sind, haben wir alle. Doch durch die Meditationspraxis können wir lernen, uns zu beobachten und zu fragen: *Will ich das auf lange Sicht wirklich?*«

Sobald Sie ganz bei sich sind, können Sie innehalten, Tempo rausnehmen und sich genau diese Frage stellen, bevor Sie irgendetwas inhalieren, runterschlucken oder kaufen. Dann sind Sie sich Ihres Tuns bewusst und verfallen nicht in den Automatismus achtlosen Kaufens oder Inhalierens und hören auf, sich durch Essen, Trinken, Glücksspiel, Shoppen oder sonst etwas betäuben zu wollen. Dass Meditieren als elfter Schritt in allen 12-Schritte-Programmen zur Suchtbewältigung vorkommt, hat schon seine Gründe.

Doch kommen wir noch einmal auf das »Immer mehr von immer weniger« zurück: Meditieren hilft sogar beim Abnehmen. (Jetzt ist Ihr Interesse geweckt, stimmt's?) Denn Achtsamkeit erstreckt sich auch aufs Essen. Einer Studie des National Institutes of Health an Menschen mit periodischen Fressanfällen, der sogenannten Binge-Eating-Störung, zufolge verringerten sich die Attacken unter Achtsamkeitstraining von durchschnittlich drei pro Woche auf nur eine. Die Probanden gaben ferner an, beim Anblick von Essen weniger leicht die Kontrolle über sich zu verlieren. Einen ganzen Karton mit Donuts vertilgt man nun einmal nicht ohne Weiteres, wenn man sich seines Tuns voll bewusst ist. Vollkommen zu Recht sagt der Yogameister Steve Ross – übrigens der disziplinierteste Esser, der mir je untergekommen ist –, dass der Drang, sich zu überessen oder andere selbstzerstörerische Dinge zu tun, einfach verschwindet, wenn man meditiert. (Eins muss ich allerdings einschränkend hinzufügen: Vom fokussierten Sitzen allein bekommen Sie keinen strafferen, runderen oder formschöneren Po. Allerdings kann Sie das Meditieren durchaus dazu motivieren, ebendiesen hochzukriegen und zu tun, was nötig ist.)

Immer mehr von immer weniger … Das ist so etwas von befreiend! Glauben Sie mir.

> Die Meditation trat kurz nach Moms Tod in mein Leben und war der Anfang meiner Verwandlung in eine nicht mehr trinkende Frau. Zuvor hatte ich zehn Jahre lang meine Ängste im Alkohol zu ertränken versucht, hatte darin Zuflucht und Beruhigungsmittel gesehen. In der Meditation habe ich herausgefunden, wer ich in der Tiefe meiner Seele wirklich bin. Sie half mir, den Tod meiner Mutter zu verarbeiten und auch in nüchternem Zustand präsent zu bleiben. Was sich in meinem Kopf so abspielt, kann ziemlich beängstigend sein. Aber ich brauche mich nur kurz auf meinen Atem zu fokussieren, und schon ist Ruhe im Karton. Einfach unvergleichlich. Weder Drogen noch Alkohol haben mir je das gegeben, was die Meditation vermag: Gelassenheit, inneren Frieden und eine Liebe zu mir selbst, wie ich sie nie zuvor erlebt hatte.
>
> KATIE, 29, COMEDIAN

Ihre Beziehungen verbessern sich, werden stärker und glücklicher

Alle Probleme gehen letztlich auf mangelnde Gefühlskontrolle zurück. Wenn die Leute nicht mehr mit ihren Emotionen klarkommen, sind sie auch nicht in der Lage, miteinander zu kommunizieren oder zusammenzuarbeiten.

NATALIE BELL

Ihre Beziehungen verbessern sich, *weil es Ihnen besser geht*. Denn Sie werden ruhiger, klarer im Kopf und lernen, Ihre Reaktionen besser zu steuern. In dem Maße, in dem Ihr Mitgefühl zunimmt, werden Sie geduldiger und begegnen den Schwächen und Marotten anderer mit mehr Toleranz. Einer der Bereiche des Gehirns, der sich nach Beobachtungen der Neurowissenschaftlerin Sara Lazar infolge regelmäßiger Meditation vergrößert, ist der sogenannte »temporoparietale Übergang«, den sie mit Mitgefühl und Weitblick in Verbindung bringt.

Während es bei Ihnen zu all den genannten positiven Veränderungen kommt, geschieht noch etwas Tolles: *Die Menschen Ihres Umfelds spiegeln Ihnen diesen Wandel wider.*

Eine super Nachricht für jeden, der in einer festen Partnerschaft lebt. Aber nicht nur das. Auch Ihre Beziehungen zu Freunden, Kollegen und Ihren Kindern verbessern sich. Seit ich regelmäßig meditiere, bin ich eine viel liebevollere Mutter. Meine Söhne können das bestätigen. Früher habe ich die Jungs auch oft schon mal präventiv angeschnauzt, damit alles zack, zack! ging und die Abläufe nicht durcheinanderkamen. Es war jeden Morgen die Hölle, bis alles gerichtet war und sie im Schulbus saßen. Immer so ein Theater! Nicht, dass ich heute nicht auch noch manchmal zum Muttermonster würde, aber ich merke es jetzt viel schneller, sodass ich kurz innehalten und umswitchen kann. Dann atmen wir alle erst einmal tief durch. Und schon sieht der Tag gleich ganz anders aus. Weil mir bewusst geworden ist, wie genervt ich auf ihren Stress reagiert habe, daraufhin einen Schritt zurücktreten und es dann besser machen kann. So bin ich glücklicher, und meine Söhne sind es auch.

Der einzige Nachteil ist, dass mir die Familie Feuer unterm Hintern macht, wenn ich einmal einen Tag auslasse und nicht meditiere. Und ehrlich, ich merke den Unterschied. Ich verliere dann schneller die Geduld, und die Kids stellen mich zur Rede: »Mom, hast du heute etwa nicht meditiert?« Ärgerlich, aber was soll ich machen: Es entgeht ihnen eben nicht. Zu behaupten, ich würde wirklich jeden einzelnen Tag meditieren, wäre gelogen. Aber wenn ich es nicht tue, bedauere ich es. Und die Menschen, die ich liebe, auch … Grund genug, bei der Stange zu bleiben.

Sie werden schöner

Das Meditieren verleiht dir den Glow, der die Leute dazu bringt, sich nach dir umzuschauen und zu denken: »So will ich auch aussehen.«

LAUREN ECKSTROM

Meditation ist das bestgehütete Schönheitsgeheimnis überhaupt.

Wir alle wissen, dass nichts so hübsch macht wie ein Lächeln. Mit angespanntem Gesicht sieht man … na ja, eben nicht so toll aus. Regelmäßiges Meditieren aber macht glücklich – und deshalb auch schön. Außerdem: Sorgen zeichnen Falten ins Gesicht. Also, vergessen Sie Retin A; die einzige Creme oder Lotion, die Sie brauchen, sind täglich ein paar Minuten in gelassener Stille. Denn ohne Bedenken und Befürchtungen entstehen erst gar keine Sorgenfalten.

Auch sexy macht das Meditieren. Ja, genau. Und ich meine damit nicht billig sexy wie in Dessousanzeigen, sondern megamagnetisch. Wie das möglich ist, fragen Sie? Indem Sie hinter das Geheimnis kommen, was wirklich sexy ist und was nicht.

Stress zum Beispiel ist gar nicht mehr sexy. Wie oft hören wir Leute so etwas sagen wie: »Ich weiß gar nicht, wo mir der Kopf steht vor lauter …« Und das scheinen sie auch noch toll zu finden. Dabei merken sie gar nicht, dass es eigentlich eher abtörnend wirkt. Von Menschen, die den Moment nicht genießen können, weil sie ständig auf dem Sprung sind, geht keine besondere Anziehungskraft aus.

Wissen Sie, was wirklich sexy ist? Präsenz.

Wenn Sie an einen Menschen denken, der »irgendetwas hat« – Sie wissen schon, dieses gewisse Etwas, das ihn unwiderstehlich macht –, und sich nach dem Grund dafür fragen, werden Sie die Lösung des Rätsels darin finden, dass sich die betreffende Person total einlässt und vollkommen präsent ist. Wenn sie mit Ihnen zusammen ist, ist sie *richtig* da. Lässt den Blick nicht schweifen und klebt auch nicht am Smartphone. Sie ist hundertprozentig auf Sie fokussiert und bei der Sache, wenn auch vielleicht nur für den Augenblick. Das ist Charisma – und das Geheimnis einer supersexy Ausstrahlung.

Übrigens wurde das auch wissenschaftlich nachgewiesen. Die Autorin und Harvard-Psychologin Dr. Ellen Langer (Spitzname: »Mutter der Achtsamkeit«) hat eine Studie durchgeführt, bei der zwei Gruppen als Zeitschriftenvertreter unterwegs waren. Die Angehörigen der einen Gruppe sagten ein auswendig gelerntes 0815-Werbesprüchlein auf, während die anderen ihre potenziellen Kunden mit Achtsamkeit ansprachen und auf den Einzelnen eingingen. In der anschließenden Bewertung der beiden Gruppen durch die Umworbenen zeigte sich, dass sie die »Vertreter« in der »achtsamen« Gruppe als charismatischer und ansprechender empfunden hatten.

Sie sehen: Wer ganz bei der Sache und präsent ist, wird als authentischer – und deshalb auch attraktiver – empfunden.

Sollten Sie je die Gelegenheit haben, einen Kurs bei Steve Ross zu besuchen oder ihn persönlich kennenzulernen, verstehen Sie, was ich meine. Steve ist der coolste der Obercoolen – und nicht nur, weil er früher Gitarrist bei Fleetwood Mac war. Die Leute reißen sich darum, in Steves Gesellschaft zu sein. Er ist warmherzig, amüsant, humorvoll und strahlt eine große Ruhe aus. Ihn kann nichts erschüttern. Was aber noch wichtiger ist: Wenn er sich mit Ihnen unterhält, blickt er Ihnen direkt in die Seele, sodass Sie den Eindruck bekommen, der einzige Mensch im ganzen Universum zu sein. Und beim Abschied fühlen Sie sich irgendwie größer, erhabener.

Und genau darum geht es doch letztlich: darum, wie sich die Menschen fühlen, nachdem sie Ihren Weg gekreuzt haben. Je mehr Zufriedenheit und inneren Frieden Sie selbst empfinden, desto mehr überträgt sich das auch auf andere – was wiederum auf Sie zurückstrahlt.

Sie werden sich besser und schneller entscheiden können

Sobald wir an unsere Intuition herankommen, können wir so weit vordringen, dass uns bewusst wird, was wir wirklich wollen. Wann immer Ihnen Ihre Seele während

des Meditierens etwas zuflüstert, spricht die Stimme Ihrer
Intuition.

KRISTEN LUMAN

Als ich ankündigte, dass ich mit der Mode durch war
und ein Meditationsstudio eröffnen wollte, hielten mich
die Leute für verrückt. Für etwas, was man zu Hause mü-
helos umsonst machen könne, würde doch keiner be-
zahlen. Selbst in meiner Familie meldeten einige Zweifel
an meiner Entscheidung an. Aber wenn du weißt, aus
der Tiefe deines Inneren heraus weißt, dass etwas richtig
ist, dann weißt du es eben. Dann schwankst und wankst
du nicht, und mit einem Mal wird die Entscheidung zum
Kinderspiel.

Angesichts der zahllosen Entscheidungen, die wir im
Laufe des Lebens treffen müssen, ist es ein großes Geschenk, wenn man es einfach tun kann, ohne das Hin und
Her und Wenn und Aber der Unentschlossenheit. Eines
habe ich mit der Zeit gelernt: dass ich mir gegenüber auf-
richtig und ehrlich sein muss. Da ich es von Natur aus
immer allen recht machen möchte, habe ich früher vieles
zugesagt, was zwar für andere gut war, nicht aber unbedingt auch für mich. Sie möchten, dass ich drei Stunden
fahre, um auf einer Konferenz zu sprechen, an der zwölf
Leute teilnehmen? Aber klar doch, gern. Ich soll die
Hundetrainerinnen der Westminster Dog Show umsty-
len – *auf dem Damenklo*? (Wirklich so geschehen.) Selbstverständlich. Dass ich eine Hundeallergie habe, spielt

doch keine Rolle. Hätte ich damals bereits meditiert, wäre das auf gar keinen Fall in die Tüte gekommen.

Meditierende vertrauen ihrem Bauchgefühl, weil sie es tatsächlich bewusst wahrnehmen können. Wir sind normalerweise viel zu beschäftigt, sodass wir unser Tempo kaum einmal drosseln, um uns auf die Weisheit unserer inneren Mitte einzustimmen. Wenn wir meinen, wir hätten keine Ahnung, was wir tun sollen oder eigentlich wollen, wissen wir es im Grunde sehr wohl – nur, dass wir es bei all dem inneren Lärmen und Geplapper nicht vernehmen können.

Meditationslehrerin und Lebenscoach Heather Hayward drückt es sehr schön aus, wie ich finde:

Das Meditieren bringt die vielen Stimmen im Kopf zum Verstummen und ermöglicht es, einem weiseren Leitsystem zu folgen. Es stellt eine Verbindung zu der leisen Stimme in deinem Inneren her, auf Basis derer du deine künftigen Entscheidungen triffst. Nicht mehr aufgrund zahlloser Infos und Interpretationen, sondern basierend auf dem instinktiven Wissen, was zu tun ist. Sobald du anfängst, wirklich auf diese Stimme und auf die Signale, die dein Körper dir sendet, zu hören, bist du dir ganz sicher: Das fühlt sich richtig an. Oder aber auch nicht. Du sparst dir viel Zeit und Energie, wenn du mit dem ewigen unentschlossenen Ausloten aller Möglichkeiten aufhörst.

Heute ist es so, dass ich in mich gehe und herausfinde, ob es mir guttut, bevor ich mich auf irgendetwas einlasse. Sagt mein Bauchgefühl *Nein*, sage auch ich *Nein* – und das ist eine echte Befreiung. Ich weiß mittlerweile, wie wertvoll und wichtig meine Zeit ist, also verbringe ich sie sinnvoll, und dementsprechend entscheide ich auch. Mein Tagesablauf ordnet sich heute keiner meterlangen To-do-Liste mehr unter. Denn statt wie früher zu allem Ja und Amen zu sagen, habe ich zu unterscheiden gelernt, was ich tun möchte und was nicht.

Da wir gerade darüber sprechen, was Sie alles entdecken werden, wenn Sie sich auf Ihre innere Stimme einstellen und ihr lauschen …

> Vor dem Meditieren war ich immer ziemlich unentschlossen, und es fehlte mir in den meisten Bereichen meines Lebens an Klarheit. Aber das hat sich inzwischen ja glücklicherweise geändert. Wenn ich seither eine Antwort suche oder etwas entscheiden muss, kann ich beim Meditieren Ordnung im Kopf schaffen und mich entspannen. Und während ich mich auf meinen Atem fokussiere, entsteht ein Gefühl unbegreiflicher Klarheit und Ruhe, dem ich viele der wichtigsten Dinge meines Lebens verdanke.
>
> TANAZ, 31, LEHRERIN UND LEBENSCOACH

Womöglich finden Sie auch
Ihre Lebensaufgabe

Im Kampf-oder-Flucht-Modus sendet der Körper Stoffe aus, die das periphere Sehen einschränken. In der Entspannung der Meditation kann es sich wieder ausdehnen, sodass sich buchstäblich Ihr Horizont erweitert.

LENA GEORGE

Meditieren kann Ihnen zu Momenten großer Klarheit verhelfen sowie Ideen und Gedanken an die Oberfläche bringen, derer Sie sich zuvor nicht bewusst waren. So kommt es womöglich zu enormen Erkenntnissen und Einfällen. Zu ähnlichen »Aha-Momenten« wie vielleicht in einer langwierigen Gesprächstherapie – nur, dass Sie dabei kein einziges Wort verlieren müssen. Wichtige Botschaften aus dem Inneren vernehmen wir oft nicht, weil wir viel zu viel tun und denken, statt einfach zu sein. (Ich bin da keine Ausnahme – auch ich nehme manchmal nicht genug Tempo heraus, um sie hören zu können. Aber man spricht ja schließlich nicht grundlos von Meditations*praxis*, die – wie jede andere auch – auf Übung, Übung, Übung beruht.)

In der Ruhe können Sie Ihre Lebensaufgabe finden. Beim Meditieren gewinnen Sie einen neuen Blick auf die Dinge, weil Sie Ihr gewöhnliches Denken einstellen und sich stattdessen mit Ihrer Intuition verbinden. Ich kann gar nicht sagen, wie viele Leute ich kenne, die aufgrund von Erkenntnissen aus der Meditation ihr Leben entscheidend verändert haben. Einige haben den Job gekündigt, um ihr Hobby zum Beruf zu machen. Andere haben ihre Beziehung beendet, als ihnen klar wurde, dass sie darin nicht mehr glücklich waren. Wieder anderen gelang mit einem Mal ein großer Durchbruch auf kreativem Gebiet. Eine Kundin von uns veröffentlichte, nachdem sie es sich jahrelang vorgenommen hatte, gleich fünf Bücher mit Architekturfotos. Ein anderer schrieb auf Grundlage einer Idee, die ihm in der Meditation gekommen war, das Drehbuch zu einer erfolgreichen Fernsehsendung.

Die Meditation hat etwas an sich, das Ihnen Möglichkeiten und Wege eröffnet, an die Sie nie gedacht hätten, die aber genau richtig für Sie sind.

Was geschah, als der jetzige Meditationslehrer Johnny O'Callaghan dank seiner Praxis eine innere Botschaft empfangen konnte, die sein ganzes Leben auf den Kopf stellte, finde ich einfach atemberaubend. Johnny war ein vielversprechender Schauspieler, als ein Freund ihn auf eine längere Afrikareise einlud. Und obwohl sein Agent gerade eine Rolle für ihn hatte, die seinen Durchbruch hätte bedeuten können, sagte irgendetwas in ihm, er solle den Trip mitmachen. Johnny folgte seiner Intuition und flog nach Afrika. Dort begegnete er Odin, einem kleinen Waisenjungen. Als Odin ihm auf den Schoß kletterte, hörte Johnny zu seiner größten Überraschung eine Stimme aus seinem Inneren, die ihm zuflüsterte:

»Das ist dein Sohn.« Wie sich die Dinge in den folgenden dreizehn Jahren entwickelt haben, werden Sie schon ahnen: Johnny ist Odin ein glücklicher, überaus engagierter Vater geworden.

Ram Dass sagte einmal: »Je ruhiger ihr werdet, desto mehr könnt ihr hören.« Und besser könnte man den Prozess der Meditationspraxis kaum zusammenfassen: Sie ermöglicht es, uns auf uns einzustellen und uns zuzuhören. Durch einfaches Innehalten und Lauschen bringen wir in Erfahrung, was wir eigentlich mit unserem Leben anfangen sollten. Oder wollen Sie vielleicht lieber in dreißig Jahren aufwachen, um festzustellen, dass Sie Ihr ganzes Leben lang die falsche Leiter hochgeklettert sind? Meditation ist wie die Erweckung Ihres persönlichen inneren Lebenscoaches, der Sie zu dem führt, was Sie wahrhaft glücklich und zufrieden macht.

Oder wie Mark Twain einst sagte: »Die beiden wichtigsten Tage im Leben sind der der Geburt und der, an dem man herausfindet, warum.«

Früher war ich Geschäftsführerin, heute bin ich Hausfrau und Mutter – eine Entscheidung, zu der mich das Meditieren gebracht hat. Dadurch, dass es mir half, mit meinem Stress besser klarzukommen, konnte ich über alles viel klarer und produktiver nachdenken: über meinen Beruf, die Zukunft, meine Wünsche. Der Meditation verdanke ich auch den Mut zu kündigen, ohne einen neuen Job in Aussicht zu haben. Und das Selbstvertrauen, mir für meinen nächsten Schritt Zeit zu lassen. Momentan bin ich mit ganzem Herzen Mutter. Und fühle mich in diesem »Zwischenraum« ausgesprochen wohl.

JENNIFER, 47

Quicklebendig werden Sie sich fühlen!

Ich sehe das so: Natürlich können Sie sich weiterhin bis zum Geht-nicht-mehr an Ihrer To-do-Liste abarbeiten. (Glauben Sie mir: Ich weiß, wovon ich rede!) Oder aber Sie schalten auf einen anderen Kanal um und gehen »live auf Sendung«. Diesen Moment habe ich an meinen Fernsehauftritten immer am meisten gemocht – wenn es hieß: »Wir laufen!« Dann war ich total bei der Sache und alles, was ich sagte, zählte, weil es von Millionen gehört wurde. Genauso fühlt sich die Meditation außerhalb der eigentlichen Sitzungen an. Es ist, als sei man live im Fernsehen, nur dass es keinen Drehplan gibt und man ganz authentisch sein Leben führt, von Moment zu Moment, in Echtzeit. Und vollkommen egal, ob Sie Stickarbeiten oder einen Abfahrtslauf machen: Wenn Sie dabei total präsent sind, haben Sie unendlich viel mehr davon.

Wie Steve Ross sagt, müssen manche Menschen ihr Leben aufs Spiel setzen, um es spüren zu können. Er jedoch meditiert einfach und erreicht damit genau dasselbe. Er braucht sich nicht aus einem Flugzeug zu stürzen, um sich lebendig zu fühlen. Und auch Ihnen wird es von jetzt an nicht mehr anders gehen.

ABSCHALTEN
UND WIEDERAUFLADEN

Juckt es Sie schon in den Fingern, endlich mit dem Meditieren anfangen zu können? Ich hoffe es doch, denn Sie werden es lieben!

In diesem Teil des Buches erfahren Sie alles, was Sie über die Logistik des Meditierens wissen müssen: das Wie, Wann und Wo, wie es bestimmt gelingt, was Sie mit aufkommenden Gedanken anfangen und wie Sie eventuelle Stolpersteine überwinden, denen Sie auf Ihrem Weg begegnen. Außerdem verrate ich Ihnen, was Experten und erfahrene Meditierende tun, um sich von Beurteilungen und Erwartungen zu befreien. Denn Sie dürfen ja nie vergessen: »Gute« Meditationen gibt es genauso wenig wie »schlechte«. Weil schließlich alle perfekt sind.

Fertig machen zum Hinsetzen – die Grundlagen

Bislang haben wir uns mit dem Was, Warum und Wer beschäftigt, also mit Fragen wie:

Was ist Meditieren eigentlich? Der Übergang vom Denken zum Sein.

Warum tut es Ihnen gut? Sie werden ruhiger, fokussierter, gesünder, glücklicher und so weiter.

Wer kann es tun? Jede und jeder, auch Sie.

Jetzt müssen wir nur noch das Wann, Wo, Wie erörtern – und schon können Sie anfangen, abzuschalten und sich wiederaufzuladen …

Wann Sie meditieren können?

Die beste Zeit zum Meditieren ist der Morgen – eine Empfehlung, die sich auch wissenschaftlich untermauern lässt. Denn im Tagesverlauf ändern sich die Rhythmen der Gehirnwellen; und direkt nach dem Aufwachen befinden wir uns noch im Zustand der sogenannten Thetawellen, in dem das Gehirn für Neustrukturierung und Beeinflussung am empfänglichsten ist. Da wir unmittelbar vor dem Einschlafen in denselben Zustand gelangen, eignet sich auch diese Zeit gut zum Meditieren.

Für den frühen Morgen spricht aber noch etwas anderes: Es ist dann nämlich *erledigt* – die einfachste Möglichkeit, keinen Tag auszulassen. Bevor Sie nach dem Aufstehen irgendetwas anderes tun, meditieren Sie. Dann wird das schnell zu einem täglichen Ritual. Tun Sie vorher wirklich nichts anderes, damit Sie gar nicht erst Gefahr laufen, sich vom ganz gewöhnlichen Chaos einfangen zu lassen, und das Meditieren darüber vergessen.

Nach langem Recherchieren und noch mehr Meditieren habe ich das Geheimrezept für die tägliche Praxis gefunden. Soll ich es Ihnen verraten? Also gut, hier ist es:

1. Schritt eins: aufstehen
2. Schritt zwei: es hinter sich bringen

Und das war's dann eigentlich auch schon. Sollten Sie nicht regelmäßig zu einer bestimmten Zeit mit einem Lehrer meditieren, einen Kurs besuchen oder aber »nie Zeit haben«, ist das die bei Weitem beste Methode.

Das morgendliche Meditieren stellt Sie so auf, dass Sie den Rest des Tages über fokussierter, produktiver und darüber hinaus schlicht netter nicht nur zu sich, sondern auch zu anderen sind. Sie werden es merken, und Ihrem Umfeld wird es ebenfalls auffallen. Weil Sie sich während dieser paar Minuten stiller Friedfertigkeit darauf programmieren, ganz präsent zu sein, schaffen Sie die besten Voraussetzungen für Ihren Erfolg. Sie beginnen Ihren Tag mit Vorsatz und Absicht und können ihm deshalb Ihren Stempel aufdrücken, statt auf jede Kleinigkeit, die auf Sie zukommt, reagieren zu müssen.

Der Morgen hat also schon seine Vorteile. Aber egal, Hauptsache ist letztlich, dass Sie überhaupt meditieren. Es muss einfach in Ihr Leben und Ihren Tagesablauf passen. Wir haben viele Hausfrauen und Mütter als Kundinnen, die die Zeit nutzen, wenn die Kinder in der Schule sind. Autoren kommen in der Mittagspause zum Meditieren – und legen auch gern einen Quickie ein, wenn sie mit ihrem Text einmal nicht weiterkommen. Von Büroangestellten weiß ich, dass sie es sofort nach Feierabend tun, sobald sie nach Hause kommen und sich etwas Bequemes angezogen haben. Andere suchen das Studio in der Mittagspause auf und nehmen an einem dreißigminütigen Kurs teil.

In jedem Fall empfiehlt es sich, die Zeit zum Meditieren genauso einzuplanen wie alles andere auch, damit sie zu einem festen Bestandteil Ihrer täglichen Abläufe wird. Später, wenn Sie sich daran gewöhnt haben, können Sie gern etwas experimentieren und variieren, am Anfang jedoch sollten Sie sich auf eine bestimmte Zeit festlegen. Ohne Wenn und Aber. Und sich strikt daran halten, auch wenn Ihnen einmal so gar nicht danach ist. Zu Beginn wird es Tage geben, an denen Sie auf alles Lust haben, nur nicht darauf, still dazusitzen. Aber Sie wissen ja: Sie meditieren nicht der Dinge wegen, die währenddessen geschehen, sondern weil es Ihnen um die Auswirkungen auf Ihr Leben geht. Die Meditationslehrerin Heather Hayward sagt dazu: »Man überlegt nicht, ob man meditieren will oder nicht. Man setzt sich einfach hin und tut es. Denn es geht nicht um ›Wollen‹, sondern um Engagement, um Hingabe. Und das ständige Überlegen und Abwägen macht ja ganz kirre im Kopf.«

In den ersten Wochen schleppt es sich vielleicht noch eher so dahin. Ist ein bisschen unbequem, frustrierend oder einfach nur langweilig, insbesondere, wenn man das Gefühl hat, es »funktioniere« nicht. Bleiben Sie aber trotzdem unbedingt bei der Stange. (Im Kapitel »So machen Sie es sich leicht« finden Sie todsichere Tipps, wie Sie mit dieserart Schwierigkeiten am besten umgehen.) Denn sobald Sie alles auf diese Karte setzen, werden Sie Veränderungen bemerken und den Beginn der nächsten Sitzung sehnsüchtig erwarten. Dann *wollen Sie* meditieren und nehmen sich die Zeit dafür einfach, sodass Meditieren genauso selbstverständlich zu Ihrem Tagesablauf gehört wie das Zähneputzen.

Und wie gesagt: Um von der Meditation profitieren zu können, müssen Sie nicht einmal lange sitzen. Legen Sie einfach eine Zeitspanne fest, von der Sie sicher wissen, dass Sie sie täglich erübrigen können und werden – auch wenn es nur fünf Minuten sind. In ihrem bezaubernden britischen Akzent sagt die *Unplug*-Lehrerin Camilla Sacre-Dallerup: »Die Meditation sollte ein kleines Geschenk für Sie sein – und nichts, zu dem Sie sich zwingen müssen.« Meine Empfehlung ist, mit fünf bis zehn Minuten täglich anzufangen und sich dann allmählich auf eine Viertelstunde zu steigern. (Für mich, weiß ich inzwischen, sind diese fünfzehn Minuten ideal, wenn ich allein meditiere. Und fünfundvierzig in der Gruppe. Für Sie kann die optimale Dauer etwas kürzer oder länger sein. Finden Sie es heraus, und dann wissen Sie es.) Hilfreich kann ein Timer sein, auch wenn Sie vielleicht zu den Menschen gehören, die über eine äußerst präzise innere Uhr verfügen; auf diese Weise können Sie mental total loslassen und die Zeitmessung dem Gerät überantworten.

Ich habe es schon erwähnt, möchte es jetzt aber noch einmal sagen, weil es so wichtig ist: Sie haben bestimmt dermaßen viel um die Ohren, dass Sie die Zeit zum Meditieren nicht einfach *finden* werden, Sie werden sie sich schon freischaufeln müssen. Aber für die Dinge, die einem wirklich wichtig sind, hat man immer ein Viertelstündchen – das gilt auch für Sie. In fünfzehn Minuten können Sie sich die Hälfte einer belanglosen Soap-Episode anschauen, ein Schwätzchen mit den Kollegen halten, gucken, was es bei Facebook, Instagram, eBay oder einer Ihrer Lieblingswebsites Neues gibt. Nichts davon verbessert für Sie auch nur das Geringste – im Gegensatz zu dieser täglichen Viertelstunde auf dem Sitzkissen, die Ihr ganzes Leben auf den Kopf stellen kann.

Wo Sie meditieren können?

Überall.

Den perfekten Ort zum Meditieren gibt es, glaube ich, gar nicht. Wann und wo immer Sie auch in sich gehen möchten – es stellt eine Meditation dar. Manche richten sich extra ein Plätzchen dafür ein, und das ist bestimmt etwas Feines, ich aber hatte schon einige meiner besten Sitzungen im Auto auf dem Parkplatz einer Bristol-Farms-Supermarktfiliale. Herrliche, heitere Örtlichkeiten mögen das Paradies sein, aber einmal ehrlich: Sobald man die Augen schließt, spielt es doch sowieso keine Rolle mehr, wo man sich befindet.

Mit dem Wo verhält es sich also genau wie mit den meisten anderen Dingen rund ums Meditieren: Sie müssen selbst herausfinden, was für Sie am besten funktioniert. Wichtig ist, dass an dem Ort, für den Sie sich entscheiden, Ruhe herrscht und Sie dort nicht gestört werden. Auch sollten Sie ihn nicht mit Stress assoziieren. Das Büro ist deshalb nicht die beste Wahl. Denn selbst wenn Sie die Tür hinter sich verschließen und das Telefon stumm stellen können, lässt sich im Epizentrum Ihrer Geschäftigkeit bestimmt nicht alles ausblenden.

Außerdem müssen Sie sich an dem Ort sicher fühlen können. Viele meditieren am liebsten in der freien Natur, wie einer unserer Schüler, der den Strand bei Sonnenaufgang allen anderen Örtlichkeiten vorzieht. Für mich wäre das nichts, obwohl auch ich das Meer liebe. Aber mit geschlossenen Augen dazusitzen, neben mir meine Handtasche … Schließlich dürfen Sie nicht vergessen, dass ich ursprünglich aus New York komme. Und das Letzte, worum man sich beim Meditieren kümmern möchte, ist ja wohl die Angst davor, beraubt oder überfallen zu werden. Wenn Sie es also an einem öffentlichen Ort tun möchten, sollten Sie dafür sorgen, dass Ihnen dabei nichts zustoßen kann.

> Das Überraschendste am Meditieren ist für mich, dass es überall geht. Dass ich, um die Verbindung herzustellen, bloß die Augen schließen und atmen muss – WUNDERBAR!
>
> LAUREN, 50, ANWÄLTIN

Wie Sie dabei sitzen?

Sie glauben ja gar nicht, wie viele Empfehlungen fürs richtige Sitzen beim Meditieren so umherschwirren. In der Lotusstellung mit gekreuzten Beinen des stabilen Sitzes wegen … mit den Händen im Schoß als Symbol für die geistige Fokussierung … mit aufrechter Wirbelsäule zur Erleichterung des freien Flusses der Körperenergie. Ich finde das alles zwar sehr faszinierend, aber so kompliziert ist das Sitzen eigentlich gar nicht. Und schon gar nicht muss man sich dabei sklavisch an irgendwelche Vorschriften halten. Wir sollten uns von der Idee verabschieden, man könne nur in einer einzigen, genau definierten Stellung meditieren. Denn für jeden ist das einfach nichts.

Hier ein Überblick über die verschiedenen Aspekte des Sitzens, der Ihnen helfen soll, die für Sie persönlich beste Stellung zu finden:

- Wählen Sie eine bequeme Unterlage. Machen Sie es sich leicht! Entscheiden können Sie sich zum Beispiel für ein traditionelles Meditationsset, das besonders die gerade Aufrichtung der Wirbelsäule fördert und aus einem runden Kissen (»Zafu«) besteht, das auf einem Zabuton liegt, einer rechteckigen gepolsterten Decke. Sie dürften aber auch auf einer Couch, einem Stuhl, einem Backjack-Bodenstuhl oder einer zusammengelegten Wolldecke Platz nehmen. Manche sitzen am liebsten auf einer Meditationsbank, ich aber finde das nicht bequem genug.
- Kreuzen Sie die Beine … oder auch nicht. Die einen sitzen vorzugsweise im Schneider- oder Lotussitz auf einem Kissen, andere mit ausgestreckten Beinen im Bett und wieder andere auf einem Stuhl, die Füße flach auf dem Boden. Entscheiden Sie sich

für die Sitzposition, die Sie als die natürlichste empfinden, Sie haben die Wahl. Wichtig ist lediglich, dass sich Ihre Beine in Hüfthöhe oder unterhalb befinden, damit sie nicht so leicht einschlafen.

- Sie können Ihre Hände auf den Beinen ablegen … muss aber nicht sein. Manche haben beim Sitzen gern die Hände mit den Innenflächen nach oben zeigend im Schoß, weil es ihnen das Gefühl größerer Offenheit und Empfänglichkeit gibt. Andere dagegen, die sich mehr auf die Erfahrungen in ihrem Inneren konzentrieren möchten, legen die Hände lieber ab. Empfohlen wird oft, mit Daumen und Zeigefinger eine Mudra zu bilden (zum Beispiel indem man die Spitzen dieser Finger jeweils kreisförmig zusammenführt; die Hände ruhen dabei mit nach oben zeigenden Innenflächen auf den Oberschenkeln). Diese Berührung soll dazu dienen, die Achtsamkeit bei der Meditation zu erden. Das glaube ich auch alles. Trotzdem positioniere ich meine Hände genau so, wie es mir gerade in den Kram passt – meistens im Schoß verschränkt. Von der Theorie her mag das vielleicht nicht das Gelbe vom Ei sein, aber bisher habe ich noch keine negativen Erfahrungen damit gemacht. Deshalb schlage ich vor, dass Sie die verschiedenen Möglichkeiten einfach alle einmal ausprobieren oder aber mit Ihren Händen anstellen, was immer Sie mögen – nur ruhig sollten Sie sie halten.

- Sie können das mit dem Sitzen aber auch ganz vergessen und sich hinlegen. Aufrecht dazusitzen ist gut, weil man den Oberkörper dabei gerade hält. Manchmal aber meditiere ich auch gern im Liegen. Wenn ich es bequem haben und nicht daran denken möchte, dass mir das Kreuz wehtun oder ein Fuß einschlafen könnte. Aber das Problem beim Liegen ist natürlich, dass man dabei sehr leicht eindöst. Was nicht Sinn der Übung sein kann, denn wir wollen uns beim Meditieren zwar entspannen, währenddessen aber doch immer bei vollem Bewusstsein und ganz präsent bleiben. Wer also zum Eindösen neigt, sollte vielleicht doch lieber eine sitzende Position einnehmen. Ins Reich der Träume abdriften kann man dabei zwar auch, aber nur, bis der Kopf – was er unweigerlich tun wird – vor- oder zurückfällt. Passiert mir auch heute noch ständig!

Welche Haltung Sie letztlich auch einnehmen – sehen Sie zu, dass Sie es bequem haben und einigermaßen ruhig sitzen können. Davidji hat mir einmal von seiner Zeit in einem Zenkloster erzählt. Wenn er sich dort während der Meditation auch nur das winzigste bisschen bewegte, musste er die Hand heben, damit der Mönch herbeikommen und ihm einen Schlag mit dem Stock versetzen konnte. Als sich Davidji dabei ertappte, dass er seinen Mönch belog, um dieser Maßnahme zu entgehen, wandte er sich vom Zen ab. Bei *Unplug* würden uns solche Züchtigungen im Traum nicht einfallen! Das Korrigieren oder Wechseln der Körperhaltung ist für uns völlig in Ordnung. Sie sollten sich nur klarmachen, dass Sie umso mehr bei der Sache sind, je weniger Sie sich bewegen, nachdem Sie die Augen geschlossen haben.

Hilfreich ist es auch, vor dem Start einen Ganzkörperscan vorzunehmen, vom Kopf bis zu den Füßen, um sicherzustellen, dass da nichts ist, was gleich Ihre Aufmerksamkeit einfordern könnte. Ein Fußgelenk meldet sich? Verändern Sie die Position Ihrer Beine. Nase juckt? Kratzen. Die Hose ist zu eng? Letzte Gelegenheit, den obersten Knopf zu öffnen. Es guckt schon keiner hin.

Zum guten Schluss noch eine wichtige Erkenntnis der Meditationslehrerin Megan Monahan in Sachen »Stillsitzen«, nur für den Fall, dass Sie Zweifel haben, ob Sie es wohl hinkriegen.

Die Frage ist eigentlich gar nicht, ob man körperlich in der Lage ist, still zu sitzen. Natürlich gibt es Leute mit einem extrem hohen Energielevel; oft resultiert das aber aus einer turbulenten Gedankenwelt. Und solchen Menschen fällt das physische Stillsitzen im Grunde eher psychisch schwer. Doch mit zunehmender Übung werden die »Pausen« im Denken allmählich immer länger, und die

Turbulenzen im Kopf legen sich. Ein Großteil dieser Unruhe hat übrigens mit der Freisetzung von im Körper oder Geist gespeichertem Stress zu tun. Wenn man also zu Anfang beim Meditieren besonders kribbelig ist, kann das durchaus ein Zeichen dafür sein, dass lange festgehaltene Toxizität oder eben auch Stress losgelassen wird. Das fühlt sich alles andere als schön an, wird aber mit zunehmender Praxis erträglicher. Man darf eben nur nicht aufgeben.

So weit zum Grundsätzlichen. Jetzt folgen noch einige altbewährte Tipps zur Vorbereitung auf Ihre Sitzungen, und dann können Sie auch schon loslegen.

Machen Sie es sich leicht

Meditieren ist ganz einfach – und das soll es auch bleiben! Hier einige Tipps zur Einstimmung auf stressfreie Sitzungen.

- Sorgen Sie für das richtige Timing. Wählen Sie eine Zeit, in der Sie nach menschlichem Ermessen nicht gestört werden. Also vielleicht nicht gerade, nachdem Sie beim Chinesen Essen bestellt haben, das jeden Moment geliefert wird. Stellen Sie vor Beginn der Sitzung sicher, dass nicht noch irgendetwas Dringendes anliegt (dass Sie nicht aufs Klo, nach den Kindern schauen oder unbedingt zum Postamt müssen, das in einer Stunde zumacht, oder so).
- Stellen Sie das Telefon stumm. Die einzigen Schwingungen, die Sie beim Meditieren brauchen können, sind gute, harmonische. Telefonklingeln ist unerwünscht. Nachdem einmal eine Schülerin von uns ihr Handy nach der Sitzung wieder eingeschaltet hatte, sagte sie: »Mir ist klar geworden, dass keiner gestorben und die Welt nicht zum

Stillstand gekommen ist, während es aus war.« Eines kann ich Ihnen versprechen: Alle SMS, E-Mails und Postings werden auch noch da sein, wenn Sie mit dem Meditieren fertig sind.

• Schaffen Sie sich Rituale. Vor Beginn einer Sitzung immer dasselbe zu tun vermittelt dem Gehirn das Signal: Zeit zu meditieren. Und das ist keine Erfindung von mir, sondern wissenschaftlich erwiesen. So ein Ritual bei Ihnen zu Hause könnte etwa darin bestehen, dass Sie stets auf demselben Stuhl oder an derselben Stelle Platz nehmen, Ihren Lieblingsschal beziehungsweise eine Decke um sich legen, die Sie besonders mögen, oder eine Kerze anzünden. Ich gebe mir immer gern ein paar Tropfen Orangenöl in die Hand, verteile es in beiden Innenflächen und schnuppere daran. Auf das folgende Ritual, das ich auch sehr mag, hat mich Steve Ross gebracht: Sie legen den Daumen zwischen Ihre Augenbrauen, direkt oberhalb des Nasenrückens, machen die Augen zu und richten Ihre gesamte Aufmerksamkeit auf diese Stelle. Klappt praktisch immer. Bei mir jedenfalls bringt es den Lärm im Kopf zum Verstummen und beruhigt mich sofort.

• Schreiben Sie sich vorab den Kopf frei. Dieser Trick geht auf Julia Camerons Buch *Der Weg des Künstlers* zurück: Schnappen Sie sich einen Block und notieren sich alles, was Sie erledigen müssen und was Sie gerade beschäftigt. Danach legen Sie den Block weg und beginnen mit Ihrer Sitzung. Auf diese Weise vergessen Sie nichts Wichtiges und haben den Kopf frei fürs Meditieren. Ein weiterer Vorteil: Anschließend sind Sie bestens gerüstet, die Punkte auf Ihrer Liste systematisch abzuarbeiten.

- Schließen Sie es weg. Ähnlich funktioniert die »Spind-Visualisierung« unserer *Unplug*-Kollegin Camilla Sacre-Dallerup. Bevor sie Meditationslehrerin wurde, war Camilla international als Turniertänzerin unterwegs und nahm sechs Jahre lang an *Strictly Come Dancing*, der britischen Version von *Let's Dance*, teil. Die Technik des »Wegschließens« lernte sie während ihrer Ausbildung bei den besten Trainern der Welt kennen. Sie dient dazu, unmittelbar vor dem Auftritt alles andere hinter sich zu lassen, um im entscheidenden Moment Bestleistungen abrufen zu können. Und so geht's: Sie schließen die Augen und stellen sich vor, einen Umkleideraum zu betreten. Dort suchen Sie sich einen Spind und legen alles, was auf Ihrer To-do-Liste steht, sowie Ihre gesamten Sorgen hinein – absolut alles, was Sie belastet. Nehmen Sie sich so viel Zeit, wie Sie brauchen. Sobald Sie bereit sind, machen Sie gedanklich die Spindtür zu, schließen ab, verlassen die Umkleide und treten in einen geschützten leeren Raum ein. Nach der Meditation können Sie

Ihren Spind jederzeit wieder aufschließen und alles an sich nehmen, was darin verstaut war.

- Schließen Sie eine Meditationspartnerschaft. Ein Erfolgsgeheimnis, das sich schon oft bewährt hat: jemanden zu haben, dem gegenüber man sich zur Rechenschaft verpflichtet fühlt. Ich unterhielt eine solche Partnerschaft einmal mit einer engen Freundin, die über das Meditieren zwar viel wusste, es aber eigentlich nicht praktiziert hatte. (Davidji witzelt immer: Je schlauer die Leute, desto überzeugter seien sie, allein dadurch von der Meditation profitieren zu können, dass sie sich über ihre Hintergründe informiert hätten.) Täglich schickten wir uns eine SMS mit »Bin fertig« und ein, zwei Bemerkungen über spezielle Erfahrungen während der Sitzung. Es hielt uns beide bei der Stange – zumal wir einander fest versprochen hatten, nicht zu schummeln.

Was, wenn ...?

Wie bei allem, was man tut, kann es auch beim Meditieren zu Schwierigkeiten und Herausforderungen kommen. Im Folgenden möchte ich einige der Probleme ansprechen, die in der Praxis am häufigsten auftreten, und Ihnen Lösungsvorschläge unterbreiten. Was also ...

... wenn der Kopf nicht zur Ruhe kommt?

Schauen Sie im Kapitel »Was tun mit den Gedanken?« nach.

... wenn Ihnen die Beine einschlafen?

In diesem Fall haben Sie zwei Möglichkeiten: Entweder bewegen Sie Ihre Beine ein wenig, damit das Kribbeln Sie nicht mehr ablenken kann, oder Sie ignorieren es. Auf keinen Fall aber sollten Sie ein Drama daraus machen. Eingeschlafene Beine sind nichts Weltbewegendes – und schon gar kein Zeichen dafür, dass Sie fürs Meditieren nicht geeignet wären. Sollte das wiederholt auftreten und Sie sehr stören, versuchen Sie es mit den folgenden Varianten der Körperhaltung:

1. Setzen Sie sich mit gekreuzten Beinen auf ein Polsterkissen, damit sich Ihre Hüften etwas höher befinden als die Beine.
2. Alternativ können Sie in natürlicher Sitzhaltung auf einem Stuhl Platz nehmen.
3. Oder Sie legen sich einfach hin. Mir ist schon bewusst, dass ich mich wiederhole, aber ich kann es gar nicht oft genug betonen: Das Wichtigste ist, alles so zu machen, wie es für Sie am besten funktioniert.

... wenn Sie von Umgebungsgeräuschen abgelenkt werden?

Der Standort unseres Studios – ebenerdig direkt an einer sehr befahrenen Straße in Los Angeles, dem Wilshire Boulevard – hat sich als perfekte Metapher für alles erwiesen, was beim Meditieren geschieht. In den Anfängen war ich ständig mit den Vorgängen im Raum und außerhalb beschäftigt. Da ich unseren Schülern – und auch mir selbst – perfekte Meditationserfahrungen ermöglichen wollte, sollte alles ruhig sein, still und heiter. Was natürlich überhaupt nicht klappte. Sobald draußen jemand hupte, bin ich sauer geworden. Und während der Kurse habe ich mich vom kleinsten Geräusch aus dem Konzept bringen lassen, von jedem gelegentlichen Husten, Räuspern oder Aufseufzen der Teilnehmer.

Doch mit zunehmender Meditationspraxis zerbrach ich mir immer seltener den Kopf darüber. Die qualitative Seite der Erfahrungen, die unsere Schüler bei uns machten, beschäftigte mich natürlich nach wie vor, doch den Versuch, sie vor jeglicher Ablenkung zu bewahren, gab ich auf. Jemand hupt? Na schön. Konzentrier dich wieder auf den Atem. Da hustet wer? Ich nahm zur Kenntnis, dass ich dachte: *Armes Ding, hoffentlich hat sie sich nicht erkältet*, und kehrte zu meinem Atem zurück. Wie sich herausstellte, störten derlei Ablenkungen die Meditationspraxis nicht, sie waren vielmehr ein Teil von ihr. Der Punkt ist nämlich: Gerade im bewussten

An-uns-Heranlassen der Geräusche besteht der Sinn der Übung. Statt Ablenkungen, Gedanken oder Gefühle auszublenden, nehmen wir sie zur Kenntnis und lassen sie dann sofort wieder los.

Eine perfekte Meditation gibt es im Grunde nicht, weder äußerlich noch innerlich. »Perfekt« kann sie allein dadurch werden, dass wir die Dinge genau so akzeptieren, wie sie nun einmal sind. Umgebungsgeräusche lassen sich ebenso wenig steuern, wie Sie Ihre Gedanken zum Stillstand bringen können. Die Kontrolle haben Sie lediglich über Ihre Verbindung zum Atem oder zu Ihrem Mantra – und darüber, wie Sie auf Störungen und Ablenkungen reagieren. Sobald Sie die Funktionsweise des Gehirns einmal durchschaut haben, bekommen Sie auch mit, dass das Erfahren der Außenwelt nichts ist, das innere Erleben hingegen alles.

Anfänger brauchen gewöhnlich eine Weile, bis Umgebungsgeräusche oder andere Ablenkungen sie nicht mehr kirre machen. Doch bald schon werden Sie in der Lage sein, sich wieder auf Ihren Atem zu besinnen, sobald Sie eine Störung wahrnehmen, und sie dann loszulassen. Von außen kommende Ablenkungen werden im Grunde genauso behandelt wie innere Störungen und geistiges Geplapper.

Die äußeren Ablenkungen wie Geräusche stehen gewöhnlich sogar am Anfang des Kampfes, danach erst wendet er sich den inneren Ablenkungen wie Gedanken oder Empfindungen zu. Und die eigentliche Reise beginnt, sobald Sie beides einfach zulassen können. Denn je öfter Sie meditieren, desto tiefer gehen die Erfahrungen, die Sie dabei machen.

... wenn Sie einschlafen?

Passiert ständig. Und das Einzige, was Sie in solchen Fällen tun können, ist, sich über das erholsame Schläfchen zu freuen und noch einmal von vorn anzufangen. Sollten Sie bislang im Liegen meditiert haben, würde ich empfehlen, dass Sie sich beim nächsten Mal hinsetzen. Dann kippt der Kopf nämlich nach vorn oder nach hinten. Und Sie sind sofort wieder wach.

... wenn Sie sich richtig, richtig schwertun?

Obwohl Sie alle meine Tipps und Tricks angewendet haben, empfinden Sie das Meditieren immer noch als Qual? Dann sollten Sie sich zunächst in Geduld üben, einem Grundelement der Achtsamkeit.

Es könnte aber auch sein, dass die Methode, die Sie praktizieren, nicht optimal für Sie ist. Wohlgemerkt: Damit meine ich nicht, dass Sie zum Meditieren nicht geeignet wären ... nur gibt es vielleicht Praktiken, die es Ihnen leichter machen. Denn Sie wissen ja: Meditationsstile gibt es so viele wie Arten, ein Ei zuzubereiten.

Die Meditationslehrerin Lena George empfiehlt deshalb: »Wenn Sie mit einer bestimmten Methode des Meditierens nicht klarkommen, versuchen Sie es eben mit einer anderen. Sonst setzen Sie sich nur unnötig unter Druck – was ja nun wirklich nicht Sinn der Sache ist.«

Wenn Sie bisher mit dem Atem gearbeitet haben, könnten Sie sich fortan zum Beispiel auf ein Mantra fokussieren. Hat's mit dem Mantra nicht geklappt, nehmen Sie vielleicht einen Gegenstand her: halten einen Stein in der Hand, blicken in eine Kerzenflamme oder betrachten eine Blüte. Auch mit einer geführten Meditation könnten Sie es einmal probieren. Wer sich einen Überblick über die verschiedenen Varianten verschaffen möchte, wird im Kapitel »Weitere Arten zu meditieren« fündig. Es ist für jeden etwas dabei – nur müssen Sie vielleicht zunächst ein wenig experimentieren, um den für Sie richtigen Meditationsstil zu finden.

So gelingt's: die einfache Formel für schnörkelloses Meditieren

Nun sitzen Sie also bequem da.

Und was jetzt?

Die Meditation selbst besteht aus den folgenden sechs Schritten:

1. Sie fokussieren sich auf einen einzigen Punkt (Ihren Atem, ein Mantra, einen Klang oder Gegenstand).
2. Sie lösen sich (bewusst oder unbewusst) von Ihrem Fokus.
3. Sie driften (wenn auch nur für eine Millisekunde) in die entstehende Lücke des Friedens, des Nichts.
4. Sie bemerken das neuerliche Auftreten von Gedanken.
5. Sie lenken die Aufmerksamkeit auf Ihren Fokus zurück.
6. Sie wiederholen den ganzen Prozess.

Mehr ist nicht dran. Wirklich nicht. Aus diesen sechs einfachen Zutaten setzt sich das Rezept zusammen, das praktisch jeden Aspekt Ihres Lebens zu verbessern vermag. Und Sie können so viele Kurse in den verschiedenen Schulen der Meditation belegen, wie Sie wollen: Letztlich laufen sie alle auf diese eine Formel hinaus.

Zum besseren Verständnis möchte ich die genannten sechs Punkte jetzt im Einzelnen mit Ihnen durchgehen.

Schritt eins: Sie fokussieren sich auf einen einzigen Punkt

Sollten Sie mit Ihrem Atem arbeiten – was das Einfachste ist, weil man dafür nichts weiter braucht –, müssen Sie nur auf sein Ein- und Ausströmen achten. Sie brauchen weder zu zählen noch zu versuchen, den Atem auf irgendeine Art und Weise zu steuern, sondern beobachten ihn lediglich: ein … und aus.

Sie würden sich gern auf ein Mantra fokussieren? Dann sagen Sie es sich wieder und wieder vor – im Rhythmus Ihres Ein- und Ausatmens. Wer »sein« Mantra bereits hat, kann dieses verwenden. Anderenfalls empfehlen sich zum Beispiel die folgenden Klassiker:

Om: ein offenes O beim Einatmen, beim Ausatmen »mmmh«

Soham: »so« beim Einatmen, »hamm« beim Ausatmen

Ich bin: »ich« … »bin«
Ram: raaa … mmm

Eine inhaltliche Bedeutung haben die wenigsten Mantras, doch ihr Klang ist keineswegs beliebig. Von der Autorin und Meditationslehrerin Mallika Chopra, die seit mehr als zwanzig Jahren Urklangmeditation praktiziert (gelernt hat sie sie bereits mit neun von ihrem Vater Deepak Chopra), wissen wir um die heilsame Wirkung bestimmter Klangschwingungen, welche wohl auch erklärt, warum so viele Traditionen Mantras verwenden.

Sie können sich aber auch dessen bedienen, was die Meditationslehrerin Laura Conley als »DIY-Mantra« bezeichnet: ein selbst gemachtes Mantra. Ich liebe persönliche Mantras (so sehr, dass ich sie geradezu sammele!), weil man dem Gehirn mit ihrer Hilfe einprogrammieren kann, was immer man möchte. Stellen Sie sich vor: Aktuell habe ich sogar mehr Mantras als Schuhe. Wenn Sie sich auch ein Mantra auf den Leib schneidern wollen, stellen Sie sich zunächst die Frage: *Wie würde ich mich jetzt gern fühlen?* Die Antwort, die Ihnen dazu spontan in den Sinn kommt, ist es. *Ihr Wort. Ruhig* zum Beispiel. Dann schließen Sie die Augen und atmen zunächst dreimal genüsslich ein und aus. Beim nächsten Einatmen sagen Sie: »Ich bin«, gefolgt von »Ihrem« Wort auf dem Ausatem. Ihr DIY-Mantra würde also lauten:

Einatmen: *Ich bin*
Ausatmen: *ruhig*

Und das war's auch schon. Wiederholen Sie dieses Mantra so lange, bis Sie merken, dass Sie abgedriftet sind, dann kehren Sie zu ihm zurück und beginnen von Neuem. Dies entspricht genau der einfachen Formel für schnörkelloses Meditieren, nur dass Sie jetzt eben mit Ihrem ureigenen Mantra arbeiten.

Genauso gut wie auf den Atem oder ein Mantra können Sie sich auch auf Gegenstände, Klänge oder sogar eine Geschmacksempfindung fokussieren. Bei der Meditation auf einen Gegenstand lenken Sie die Aufmerksamkeit mittels Ihrer Sinne. Das Ziel besteht darin, sich auf das Objekt zu fokussieren und seiner vollkommen gewahr zu werden. Angenommen, Sie betrachten eine Blume. Diese gilt es nun tatsächlich zu *sehen*. Nehmen Sie alle Einzelheiten wahr. Oder aber Sie halten einen Stein in der Hand. Spüren Sie ihn, erkunden Sie sein Gewicht, seine Textur. Nicht anders gehen Sie mit Düften, Klängen oder sogar Geschmackswahrnehmungen vor. Ich empfehle, mit etwas anzufangen, was Sie anschauen oder in der Hand halten können, und sich Klänge beziehungsweise Geschmäcker für später aufzuheben. Sobald sich Ihr Wahrnehmungsvermögen aufgrund der zunehmenden Meditationspraxis geschärft hat, werden Sie sich wundern, wie unglaublich köstlich eine kleine, unscheinbare Rosine schmecken kann. Mehr über Geschmacks-,

Geruchs- und Klangmeditationen erfahren Sie im Kapitel »Weitere Arten zu meditieren«.

Schritt zwei: Sie lösen sich (bewusst oder unbewusst) von Ihrem Fokus

Hier tun Sie eigentlich nichts, es geschieht einfach. Selbst wenn Sie mit übermenschlicher Kraft versuchen würden, die Aufmerksamkeit auf Ihren Atem, das Mantra oder den Gegenstand gerichtet zu halten, ließe das Gehirn es nicht zu. Irgendwann wandert sie unweigerlich ab, um den Weg für Gedanken frei zu machen.

Doch hier nun kommt es zum wichtigsten Sekundenbruchteil der gesamten Übung ...

Schritt drei: Sie driften in die entstehende Lücke

Mit zunehmender Praxis werden Sie bemerken, dass sich zwischen dem Loslassen des Fokus und dem Wiederauftauchen von Gedanken eine winzige Lücke auftut. Und in diese Lücke des glückseligen Nichts treten Sie ein, wenn auch nur für ein Millisekündchen. Obwohl: Es fühlt sich vielleicht wie das »Nichts« an, doch in Wahrheit handelt es sich um die vollkommene Wahrnehmung des gegenwärtigen Moments, wie er sich gerade darstellt.

Und das, liebe Freundinnen und Freunde, ist die pure Präsenz. Das, was wir auch als »Mushin« (Bewusstsein ohne Bewusstsein) oder »Sweetspot« bezeichnen.

In dieser Lücke können Sie so lange verharren, wie es Ihnen vergönnt ist. Bis schließlich …

Schritt vier: Sie bemerken das neuerliche Auftreten von Gedanken

In dem Moment, in dem Ihnen bewusst wird, dass Sie wieder im Gedankenland sind, sind Sie aufgewacht. Willkommen zurück! Ja, Sie sind abgedriftet. Doch jetzt sind Sie sich dessen bewusst geworden, und genau darauf kommt es an. Denn wie es Eckhart Tolle ausdrückt, ist man präsent, sobald man erkennt, dass man nicht präsent ist. Die Wahrnehmung des Gedankenprozesses schafft die Voraussetzung dafür, einen Schritt zurücktreten und wieder zum Beobachter werden zu können, statt sich vom endlosen Strom des inneren Geplappers mitreißen zu lassen.

Das Einzige, was Sie mit diesen Gedanken »tun« müssen, ist, sie wahrzunehmen, zu- und loszulassen. Versuchen Sie nicht, sie wegzudrücken, akzeptieren Sie sie einfach, wie sie sind. Das ist deshalb von so großer Bedeutung, weil es Ihnen zeigt, was sich in Ihrem Kopf abspielt, welche Gedanken sich automatisch einstellen und wie Ihr Gehirn arbeitet. Dessen Funktionsweise allmählich durchschauen zu lernen ist echt cool. Denn in dem Maße, in dem Sie sich Ihrer Gedanken bewusst werden, verfangen Sie sich immer weniger in Ihren Reaktionen auf sie.

Um die Gedanken ziehen zu lassen und in Ihre Mitte zurückzukehren …

Schritt fünf: Sie lenken die Aufmerksamkeit auf Ihren Fokus zurück

Kommen Sie zurück zum Atem, zu Ihrem Mantra oder zu Ihrem Gegenstand, genau wie beim ersten Schritt. Mehr nicht. Sie konzentrieren sich einfach wieder auf Ihren Atem, den Klang oder die Empfindung.

Doch tun Sie es unbedingt sanft. Das heißt: ohne Wertung. Der Verzicht auf Urteile und Erwartungen ist das womöglich Schwierigste am Meditieren: sich nicht vorzuwerfen, dass man abgedriftet ist, darin kein Scheitern zu sehen oder zu dem Schluss zu gelangen, man könne nicht meditieren. Denn Sie meditieren doch: Wenn Sie atmen, sich fokussieren, Ihre Gedanken zur Kenntnis nehmen und sich neu konzentrieren, dann meditieren Sie.

Und jetzt, da Sie wieder ganz fokussiert sind, gilt:

Schritt sechs: Sie wiederholen den ganzen Prozess

Fokussieren, loslassen, abdriften, dies zur Kenntnis nehmen, sich neu fokussieren, das Ganze wiederholen. Das ist alles, was Sie tun. Immer und immer wieder. So unkompliziert ist das Meditieren. Ich kann mir vorstellen, dass Sie es gern etwas schicker oder aufregender hätten, aber so ist es nun einmal.

Davidji sagt über die Einfachheit dieses Prozesses:

> Was auch geschieht, du kommst stets auf das Objekt deiner Aufmerksamkeit zurück, wieder und wieder. Das hört sich vielleicht monoton oder langweilig an, aber als Entertainment ist das Meditieren ja auch nicht gedacht. Vielmehr soll es dich erden. Meditieren ist ein sanftes Driften. Solange du immer wieder zu deinem Fokus zurückkehrst, ist es völlig egal, wie weit du abdriftest. Mit der Zeit wird dir klar, dass das schon alles ist. Meditationspraxis heißt: abdriften, zurückkommen, abdriften, zurückkommen.

Genauso ist es. Und das werden Sie doch wohl hinkriegen, oder?

Als Nächstes gebe ich Ihnen Tipps, was Sie tun können, wenn der Kopf nicht zur Ruhe kommt, und wie Sie die für friedvolle, erfreuliche Sitzungen nötige Geduld aufbringen. Denn wie Mallika Chopra sagt, ist die »Meditation doch das Letzte, wovon wir uns stressen lassen wollen«, oder?

Was »tun« mit den Gedanken?

Sie erinnern sich? Ziel ist nicht, die Gedanken abzustellen. Vielmehr geht es darum, ihr Auftauchen zu bemerken und sie sodann wieder abziehen zu lassen, um ungerührt weiterzumeditieren. Es ist wie beim Durchputzen: Statt die Gedanken zu bekämpfen, lassen Sie sie kommen und gehen. In den bereits mehrfach erwähnten Zustand der Leere gelangen Sie nicht dadurch, dass Sie die Regungen Ihres Geistes zu unterdrücken versuchen, sondern indem Sie quasi an ihnen vorbeinavigieren.

Ja, ich weiß, die eigentliche Schwierigkeit ist das Loslassen. Deshalb möchte ich Sie jetzt mit den besten Techniken bekannt machen, die Sie dabei unterstützen.

Immer wieder zum Fokus zurückkehren

Das ist das ganze Geheimnis.

Mir gefällt, was Davidji dazu sagt: »Wenn du einen dunklen Raum betrittst, tust du ja auch nichts mit der Finsternis, sondern schaltest das Licht ein. Genauso wenig stellst du beim Meditieren mit deinen Gedanken an. Stattdessen richtest du deine Aufmerksamkeit auf etwas anderes.«

Lena George bedient sich einer anderen Analogie, über die ich als Mutter dreier Söhne immer sehr lachen muss. Sie sagt nämlich gern: »Für mich sind Geist und Aufmerksamkeit wie ein Krabbelkind. Ihm zu sagen, dass es mit irgendetwas aufhören solle, bringt nichts. Man muss den Stimulus wegnehmen und das Kleine mit etwas anderem beschäftigen. Bei der Meditation ist das Gehirn das Kleinkind. Man gibt ihm ein Spielzeug, um es in die gewünschte Richtung zu locken.«

Das »etwas andere« ist in beiden Vergleichen das Meditationsobjekt, auf das es die Aufmerksamkeit immer wieder zurückzulenken gilt – der Atem, das Mantra oder der Gegenstand. Sie sind die erdende Kraft, die Sie sofort ins Hier und Jetzt zurückbringt. Ihnen kommt ein Gedanke, Sie nehmen ihn wahr und zur Kenntnis, ziehen Ihre Aufmerksamkeit ab und richten sie auf etwas anderes. Total simpel, aber irre effektiv!

Plagen Sie sich also nicht mit der Frage, was Sie mit Ihren Gedanken »tun« sollen. Diese selbst sind gar nicht so wichtig. Entscheidend ist vielmehr, dass Sie nicht auf sie reagieren. Stattdessen lenken Sie bei jedem auftauchenden Gedanken die Aufmerksamkeit wieder auf Ihren Atem, das Mantra oder den jeweiligen Gegenstand. Wieder und wieder und wieder …

Zum Verabschieden visualisieren

Hilfreich ist es, auftretende Gedanken zu verabschieden. Wie das geht? Durch Visualisieren. Es gibt viele Bilder, die sich dafür eignen. Ich zum Beispiel stelle mir die Gedanken gern als Blätter vor, die vom Wind davongetragen werden, als vorbeiziehende Wolken, als Schiff, das am Horizont verschwindet, oder als aufsteigende Rauchfahne.

Nützlich kann es auch sein, die stabilisierende Kraft des Atems zu visualisieren, etwa indem Sie sich Ihre Gedanken als Wellen vorstellen und den Atem als einen Anker, der dafür sorgt, dass Sie nicht von ihnen davongetragen werden. Heather Hayward arbeitet mit einem Bild, das ich auch sehr mag:

> Während die Gedanken die Fahrgäste sind, stellt der Atem den Zug dar. Die Passagiere dürfen gern eine Party feiern. Und selbst wenn einer betrunken am Mikrofon steht und lautstark singt oder grölt, steuerst du den Zug einfach weiter. Irgendwann steigen die Fahrgäste aus, einer nach dem anderen. Die Vorgänge in meinem Kopf sind für mich der »Hauptbahnhof«, der sich im Laufe der Meditation in die »Station Gleichmut« verwandelt. Ein bisschen Trubel herrscht immer noch, zugleich aber auch große Stille, und alles ist gut so.

Wirklich: Sie dürfen nie vergessen, dass »Loslassen« nicht dasselbe ist wie ein Wegschubsen der Gedanken. Genauso wichtig wie dieses Loslassen ist die Wahrnehmung all dessen, was sich im Kopf abspielt. Denn dadurch erhalten Sie die seltene Chance, sich der Funktionsweise Ihres Gehirns bewusst zu werden und der Gedanken, mit denen Sie sich möglicherweise selbst sabotieren. Bewerten Sie diese Denkprozesse in keiner Weise. Nehmen Sie sie lediglich zur Kenntnis, um sie gleich darauf zu verabschieden. Sie lassen also erst *zu* und dann *los*.

Zusammengefasst:

1. Sie nehmen den Gedanken wahr,
2. lassen ihn zu,
3. visualisieren, wie Sie ihn loslassen (und/oder kehren zu Ihrem Stabilisator zurück),
4. konzentrieren sich wieder auf Ihren Atem, das Mantra oder den Gegenstand und
5. wiederholen den ganzen Prozess, wann immer erforderlich.

Kleben Sie Etiketten auf

Erinnern Sie sich noch an den Tipp von Natalie Bell? Sie empfiehlt, alle Gedanken oder Gefühle zu benennen, die sich einstellen. Auf diese Weise trennen Sie sich mit einem Schlag von Ihren Gedanken ab und können wieder zu deren Beobachter werden. Den Beweis dafür hat die Wissenschaft erbracht: Sobald wir einen Gedanken oder eine Emotion benennen, kommt es zu einer Beruhigung der Amygdala, dem Bereich des Gehirns, das als Zentrum unserer Ängste, Sorgen sowie der Kampf- oder-Flucht-Reaktion gilt. Was es Ihnen ermöglicht, in den gelasseneren, rationaleren Teil Ihres Gehirns umzuschalten, der für alles Helle und Schöne zuständig ist.

Und das funktioniert so: Da sitzen Sie nun. Ihr Affengeist hangelt sich von Ast zu Ast ... und dann ... bemerken Sie plötzlich, dass Sie auf Abwege oder in einen Sturm der Emotionen geraten sind. Dies versehen Sie nun mit einem Namen:

> »Ich ärgere mich.«
> »Ich habe ein schlechtes Gewissen.«
> »Ich spinne herum.«
> »Ich verspanne mich.«

Eine Schülerin von uns schwört auf ihre »Upps, schon wieder«-Technik: Sobald ihr auffällt, dass sie in einen Gedankenstrom hineingeraten ist, fasst sie ihn in Worte, etwa so:

> »Upps, ich bin ja schon wieder dabei, Listen zu erstellen.«

»Upps, ich mache mir schon wieder Sorgen wegen der Arbeit.«

»Upps, im Kopf dekoriere ich mal wieder die Wohnung um.«

»Upps, ich bin schon wieder neidisch.«

»Upps, da übe ich ja schon wieder ein, was ich bei dem Gespräch sagen will.«

Was mir an diesem Ansatz besonders gefällt, ist, dass er so sanft ist – das heißt auf jegliche Bewertungen verzichtet – und auch humorvoll. Es tut gut, hin und wieder über sich zu lachen. Und so ernst muss es beim Meditieren sowieso nicht zugehen. Außerdem erfahren Sie mithilfe dieser Technik einiges über die Arbeitsweise Ihres Gehirns und können sich so Ihrer Denkmuster bewusst werden.

Seien Sie nett zu Ihrem Gehirn

Gut möglich, dass Sie eine Typ-A-Persönlichkeit sind und ein echter Macher. Beim Meditieren aber hilft Ihnen das nicht weiter. Denn Sie können Ihr Gehirn nicht zur Ruhe *zwingen*. Also seien Sie nachsichtig mit sich und hören auf, sich wegen Ihres Affengeistes niederzumachen.

Bedanken Sie sich bei Ihrem Gehirn, wenn es partout nicht still sein will. Kein Witz! Denn es tut Ihnen einen

Riesengefallen, wenn es mit einer Geschwindigkeit von mehreren Millionen Kilometern pro Minute umhereilt, während Sie meditieren. Und wenn es Ihnen Ihr Geplapper im Kopf in Echtzeit vorführt. Außerdem verdanken Sie ihm die einmalige Gelegenheit, Ihre Aufmerksamkeit gezielt zu steuern: weg von den Gedanken und zurück zum Atem. Und wie Sie inzwischen wissen, ist es ja genau dieser unscheinbare Akt, mit dem Sie auf Dauer Ihr Gehirn neu strukturieren.

Abgesehen davon ist der »geistige Aufruhr«, wie Steve Ross betont, »unser bester Freund. Ohne ihn würden wir nie auf der Suche sein und keinerlei Bemühungen an den Tag legen, sondern ständig nur am Pool herumlungern. Auf seelischer Ebene stellt dieser Aufruhr ein Signal der Intuition dar, die uns sagen will, dass es noch so vieles zu entdecken gibt.«

> Meditieren ist das Einfachste der Welt, aber zugleich auch das Allerschwierigste, weil einem tausend Gründe dafür einfallen, es doch nicht zu tun. Und weil wir dazu neigen, uns mit dem Kopf zu identifizieren, meditieren wir dann eben nicht. Doch wir müssen es nur ein paarmal tun, und gar nicht mal besonders lang, um erkennen zu können, dass wir mehr sind als der Kopf und dass er uns vieles einzureden versucht, was überhaupt nicht in unserem Interesse liegt.
>
> ART, 41, GESCHÄFTSFÜHRER
> EINES FERNSEHSENDERS

Über die Geduld

Sie meinen – und stehen damit keineswegs allein –, es würde »nicht funktionieren«? Tut es doch, kann ich Ihnen versichern, und sogar besser, als Sie denken. Aber natürlich weiß ich auch, wie frustrierend das Gefühl ist, auf keinen grünen Zweig zu kommen. Gerade stark leistungsorientierte Menschen tun sich schwer mit der Einsicht, dass sie beim Meditieren nicht »siegen« – und im Grunde nicht einmal so etwas wie »gute Leistungen« erbringen – können. Und Sie dürfen mir glauben: Als sehr konkurrenzbetonte Frau weiß ich genau, wovon ich spreche.

Manchmal verbinden Sie sich in der Sitzung mit Ihrer Seele und erleben pures Glück. Bei anderen Gelegenheiten hocken Sie einfach da, atmen und kommen allmählich zur Ruhe. Und schließlich gibt es auch Meditationen, die Sie als erbitterten Kampf gegen die Raserei in Ihrem Kopf empfinden werden. Welche Variante wann zum Tragen kommt, ist völlig unvorhersehbar. Und es spielt auch keine Rolle. Eine unserer langjährigen Schülerinnen, die Anwältin Laura, bat mich, den folgenden

Hinweis von ihr in dieses Buch aufzunehmen: »Das Wichtigste, was ich Anfängern mit auf den Weg geben könnte, wäre: Alles zählt. Selbst wenn der Kopf die ganze Zeit über Amok läuft – auch das ist wichtig. Als ich das erfahren habe, war ich so froh und erleichtert, dass ich es jetzt unbedingt weitergeben möchte.«

Fazit: Ob Sie eine Sitzung nun als »gut« bezeichnen oder nicht – in den Genuss ihres positiven Einwirkens auf das Gehirn kommen Sie so oder so. Im Fernsehen habe ich kürzlich ein Interview mit dem TM-Lehrer Bob Roth gesehen. Darin erzählte er von seinem Guru Maharishi Mahesh Yogi, dem ein Reporter einmal die Frage stellte: »Manche Meditationen bleiben eher an der Oberfläche, andere gehen viel tiefer. Sind das die besseren Sitzungen?«

»Nein«, antwortete Maharishi, »alle sind gleich gut.«

Und als der Reporter wissen wollte, wie das denn sein könne, entgegnete Maharishi: »Weil wir auch in flacherem Wasser nass werden.«

Zum Abschluss dieses Kapitels nun noch einige Äußerungen von *Unplug*-Lehrerinnen und -Lehrern zu den Themen »Verzicht auf Beurteilungen« und »Geduld« …

Viele erstellen Listen, wenn sie zum ersten Mal meditieren. In der zweiten Sitzung fragen sie sich, was genau sie wohl falsch machen. In der dritten denken sie an ein Gespräch zurück, das sie hatten.

Und das war's dann … sie sind raus. Die meisten von uns werden von Anstrengung und Verbissenheit angetrieben; darin sehen wir die Zauberformel für Leistung und Erfolg. Und so gehen wir auch die Meditation an. Dann ist der Frust natürlich groß, wenn es nicht funktioniert. Doch hier ist genau das Gegenteil gefragt: Hingabe, Kapitulation. Kannst du von all deiner Anstrengung und Verbissenheit ablassen und ganz bei dir sein?

– Davidji

Was in der Meditation geschieht, spielt keine Rolle, ähnlich wie auch aus dem Beichtstuhl nichts nach draußen dringt. Den Rest des Tages über zeigt sich der Nutzen der Praxis sowieso. Also keine Wertungen. Alles, was sich einstellt, ist gut.

– Megan Monahan

Gäbe es eine Wetterkarte der Meditation, würde es darauf definitiv nicht zugehen wie in Palm Springs, wo immerzu die Sonne scheint. Aber auch nicht wie im ständig verregneten Seattle. Sondern vielleicht am ehesten wie auf Hawaii – abwechselnd heftige Regenschauer und der schönste Sonnenschein. Was aber völlig in Ordnung ist. Einzig Werturteile können die Zufriedenheit unterbin-

den, das Glück und die Zufriedenheit des *Super,*
für heute hab ich genug meditiert!

– Heather Hayward

Die einzige Intention beim Meditieren sollte das
Erlebnis als solches sein, ohne irgendwelche Kommentare. Wir sind doch gar nicht in der Position,
die Sitzung zu bewerten. Denn was wissen wir
schon, was genau da vorgeht und wie weit der
Prozess schon vorangeschritten ist?

– Steve Ross

15 Meditationen für alle Tage

Wer einmal erfahren hat, wie gut die Meditation tut, will dieses Gefühl immer öfter haben. Für die kleine Portion Erdung, Ruhe und Freude zwischendurch sind die folgenden Miniübungen ideal. Wann immer Ihnen danach ist, können Sie sich eine aussuchen. Damit Sie sie gut in Ihren Tagesablauf einbauen können, sind sie völlig unkompliziert und funktionieren sogar schon in weniger als fünf Minuten. Aber selbstverständlich können Sie sie, wenn Sie länger Zeit haben, auch gern auf eine Viertelstunde oder mehr ausdehnen. Denn längere Sitzungen intensivieren die Erfahrung sogar noch.

Unsere *Unplug*-Hausmeditation

Mindestdauer: weniger als eine Minute
Ideal für: ein schnelles Zu-sich-Kommen
Geeigneter Zeitpunkt: wann immer Sie auf
die Schnelle vom Zauber der Meditation
kosten möchten

Während die anderen Minimeditationen dieses Kapitels jeweils einem bestimmten Zweck dienen, stellt dieser kleine *Unplug*-Klassiker eine Art Allrounder dar. Das heißt: Sie können immer auf ihn zurückgreifen, wenn Sie gerade einmal eine Minute oder sogar noch weniger haben, um sich auf die Schnelle zu erden und zu sich zu kommen.

Die Meditation besteht aus den folgenden sechs simplen Schritten:

1. Schalten Sie ab, stellen Sie also Handy & Co. aus und jegliche Aktivität ein.
2. Nehmen Sie zur Kenntnis, wie es Ihnen gerade geht.
3. Fokussieren Sie sich (auf Ihren Atem, ein Mantra, einen Gegenstand oder eine Visualisierung).
4. Lösen Sie sich wieder davon.
5. Machen Sie sich klar, dass Ihre Gedanken kommen und gehen.

6. Machen Sie exakt mit dem weiter, was Sie zuvor unterbrochen haben.

Die Genuss-Meditation

Dauer: 1 Minute
Ideal: zum Entschleunigen, Auskosten des
Augenblicks und für den intensiveren Genuss
von Speisen
Bester Zeitpunkt: unmittelbar vor dem Essen

Essen ist etwas, was wir täglich tun, allerdings meistens unachtsam und gedankenlos. Seien Sie ehrlich: Wie oft haben Sie schon vor dem Fernseher gesessen und sich eine ganze Tüte Kartoffelchips reingepfiffen oder einen Keks gefuttert, ohne sich hinterher noch daran erinnern zu können? Und nicht nur, dass wir uns auf diese Weise des gegenwärtigen Moments berauben. Zu allem Überfluss packen wir uns auch noch Kilo um Kilo auf die Hüften, wenn wir nicht einmal merken, was wir uns alles in den Mund schieben.

Eine Meditation zum Essen ermöglicht es Ihnen, die Botschaft Ihres Körpers wahrzunehmen, wenn er Sie wissen lässt, dass er jetzt nicht noch mehr braucht. Ich neige zum Schlingen und esse dreimal so viel wie nötig, wenn ich mir keine Gelegenheit gebe zu bemerken, dass ich satt bin. Mit der Folge, dass mir dann richtig übel ist, wenn ich die Gabel weglege. Die Genuss-Meditation zwingt Sie, das Tempo zu drosseln, und führt so dazu, dass Sie sich mehr auf Ihre Mahlzeiten konzentrieren. Und dass Ihnen das Essen besser schmeckt.

Sie können diese Meditation jederzeit, überall und mit jedem Lebensmittel durchführen. Ich werde sie Ihnen jetzt am Beispiel einer Rosine demonstrieren, wie ich sie ursprünglich auch kennengelernt habe, damit Sie sich ein Bild davon machen können. Selbst wenn Sie diese Übung nur mit einer (Zwischen-)Mahlzeit täglich durchführen, tun Sie sich damit schon viel Gutes.

Und hier ist sie nun, die Genuss-Meditation, Schritt für Schritt:

1. Nehmen Sie eine Rosine in die Hand.
2. Betrachten Sie sie und stellen sich die Frage, über welche Stationen sie wohl in Ihren Haushalt gelangt sein mag. Überlegen Sie: vom Setzen des Rebstocks über die Lese der Trauben, den Trocknungsprozess … Führen Sie sich den ganzen langen Weg vor Augen, den die kleine Rosine hinter sich hat.
3. Halten Sie sich die kleine Rosine ans Ohr. Kommt Ihnen komisch vor? Kann ich mir denken. Aber wenn man eine Rosine zusammendrückt, gibt sie tatsächlich ein Geräusch von sich, eine Art Knacksen oder Ploppen. Hören Sie nur!
4. Als Nächstes nehmen Sie die Rosine ganz vorsichtig zwischen die Lippen. Und ob Sie es glauben oder nicht: Vor lauter Vorfreude auf den süßen Genuss wird Ihnen das Wasser im Mund zusammenlaufen.

5. Schieben Sie sich die Rosine dann in den Mund. Nehmen Sie ihre Konsistenz auf der Zunge wahr, bevor Sie ganz, ganz langsam mit dem Kauen anfangen. Spüren Sie dabei, wie sich die Haut vom süßen Fruchtfleisch ablöst. Bestimmt haben Sie nie zuvor so langsam gekaut, dass Sie sich der einzelnen Bewegungen Ihrer Zunge bewusst waren. Mit jedem Bissen geht in Ihrem Mund eine irre Party ab. Und Sie hätten schon immer dabei sein können – wenn Sie die Einladung nur angenommen hätten!

6. Zum Abschluss schlucken Sie, lächeln – und tun, was immer Sie als Nächstes tun mögen.

Geh-Meditation

Dauer: 3 Minuten
Ideal: zur Erdung; perfekt auch für alle, die
sich mit dem Stillsitzen schwertun
Geeigneter Zeitpunkt: immer, wenn sich das
Leben chaotisch, erdrückend oder aus den
Fugen geraten anfühlt

Solche Momente haben wir ja alle gelegentlich: Bei der Arbeit läuft nichts rund, die Kinder machen einen verrückt, oder man hat in dieser Woche bereits zum x-ten Mal die Hausschlüssel verbummelt. Um dann inmitten des ganzen Chaos wieder zu sich zu finden, können Sie es mit der folgenden Geh-Meditation versuchen:

1. Stehen Sie auf. Sie können diese Meditation in flachen Schuhen oder auf Socken durchführen, idealerweise aber barfuß.
2. Spüren Sie Ihre Füße. Wackeln Sie mit den Zehen, und nehmen Sie Ihre Fußsohlen auf dem Boden wahr.
3. Heben Sie dann ganz langsam Ihren rechten Fuß an und machen einen ersten Schritt. Sie kommen mit der Ferse auf und rollen nach vorn ab.
4. Der nächste Schritt geht genauso und genauso langsam, nur mit dem linken Fuß. Nehmen Sie wahr, wie sich Ihr Gewicht nach vorn verlagert und

Körper und Knie zusammenarbeiten, um Sie voranzubringen.

Ihre Augen sind geöffnet und weich auf einen Punkt vor
Ihnen gerichtet. Wenn Sie sie schließen, könnte Ihnen
schlecht oder schwindlig werden.

Manche Leute machen aus der Geh-Meditation ganze
Wanderungen, mir aber fehlt dafür die Geduld. Für mich
sind drei Minuten vollkommen ausreichend. (Vielleicht
hätte ich dieses Buch überhaupt besser »Meditationen
für Hektiker« genannt.)

Ein schneller Schuss Ruhe

Dauer: 1–5 Minuten
Ideal: zur Angstlinderung, als Mittel gegen
Wut und Aggressivität sowie zum Abbau
von Frustrationen
Geeigneter Zeitpunkt: immer, wenn innere
Spannungen überhandnehmen

Zur sofortigen Beruhigung empfiehlt sich die folgende Übung des *Unplug*-Lehrers Johnny O'Callaghan. Diese Atemmeditation geht genauso schnell ins Blut wie ein Espresso – hat allerdings die gegenteilige Wirkung. Johnny erklärt dazu: »Sie holt einen sofort aus dem Kopf raus und in die Gegenwart rein. Ideal ist sie zum Beispiel, unmittelbar bevor man öffentlich das Wort ergreifen, umgehend eine wichtige Entscheidung treffen oder eine Bühne betreten muss – also immer, wenn man auf die Schnelle präsent und ruhig sein möchte.«

Und so funktioniert sie:

1. Atmen Sie siebenmal langsam durch die Nase ein und aus.
2. Atmen Sie siebenmal langsam durch die Nase ein und durch den Mund aus.
3. Schließlich atmen Sie siebenmal langsam durch den Mund ein und aus.

Sie atmen also: siebenmal durch die Nase ein und aus, siebenmal durch die Nase ein/durch den Mund aus; siebenmal durch den Mund ein und aus. Anschließend atmen Sie normal weiter. Stellen Sie fest, wie sich Ihre Energie dadurch verändert hat.

Gute-Laune-Meditation

Dauer: 1 Minute
Ideal: gegen schlechte Stimmung
Geeigneter Zeitpunkt: wenn Sie traurig,
giftig oder sauer sind

Was gegen schlechte Laune sofort hilft, ist Dankbarkeit. Denn man kann nicht gleichzeitig grummelig und dankbar sein, das geht einfach nicht. Besser drauf kommen Sie in weniger als sechzig Sekunden so:

1. Schließen Sie die Augen.
2. Denken Sie an drei Menschen oder Dinge, denen beziehungsweise für die Sie dankbar sind, ganz ernsthaft dankbar. Dabei kann es sich um jemanden handeln, der in Ihrem Leben eine besonders wichtige Rolle spielt oder Ihnen vielleicht »nur« seinen Platz im Bus angeboten hat. Es kann um die Gesundheit Ihrer Kinder gehen oder um das schöne Wetter … Ob groß oder klein – alles kommt infrage. Auf meiner Liste steht zum Beispiel oft die Tasse Kaffee, die ich mir gönne.
3. Machen Sie die Augen wieder auf.

Und das war's auch schon! So einfach ist das.

Spüren Sie die Liebe

Dauer: 3–5 Minuten
Ideal: zur Verstärkung beziehungsweise
Wiederherstellung guter Gefühle sich selbst
oder anderen gegenüber
Geeigneter Zeitpunkt: wenn Sie sich selbst oder
eine andere Person einmal nicht leiden können

Dieser Klassiker wird oft auch als »Liebende-Güte-Meditation« bezeichnet. Deren Grundprinzip besteht im Empfinden liebevoller Emotionen – sich selbst und anderen gegenüber. Weil sie den Weg zu mehr Mitgefühl und Liebe weist, kann diese Meditation bei Zwistigkeiten mit unseren Mitmenschen hilfreich sein. Und welches Gefühl könnte schöner sein als die Liebe.

Hier die einzelnen Schritte der Übung:

1. Schließen Sie die Augen.
2. Richten Sie Ihre Aufmerksamkeit auf die eigene Person, und führen Sie sich drei Dinge vor Augen, die Sie an sich lieben. Sind Sie freundlich? Klug? Kreativ? Haben Sie viel Humor?
3. Denken Sie dann an jemanden, der Ihnen besonders am Herzen liegt. Wahrscheinlich lieben Sie mehr als eine Person, für diese Meditation aber sollten Sie sich auf diejenige konzentrieren, die in Ihrem Leben momentan an erster Stelle steht.

Stellen Sie sich vor, dass Sie diesen Menschen in den Arm nehmen und ihn mit Liebe überschütten.

4. Denken Sie dann an eine Freundin oder einen Freund von Ihnen, die oder der ein bisschen Zuwendung gut brauchen könnte. Vielleicht macht diese Person gerade eine schwere Zeit durch. Stellen Sie sich vor, dass Sie ihr einen liebevollen Brief schreiben, den sie öffnet, liest und der ihr ein Lächeln entlockt.

5. Als Nächstes denken Sie an jemanden, dem Sie neutral gegenüberstehen. Für mich ist das immer die Sekretärin der Schule, auf die meine Söhne gehen. Sie ist sehr nett, aber ich kenne sie nicht näher. Einer solchen Person also schicken Sie nun etwas Liebe und Zuneigung in Form einer netten Dankeskarte, über die sie sich freut.

6. Zum Abschluss denken Sie an diejenige Person, mit der Sie momentan die größten Schwierigkeiten haben. Jemanden, den man nicht mag, Liebe zu schicken ist schwer. Doch lässt man dabei die eigenen toxischen Gefühle los und kommt somit einen Schritt weiter. Überlegen Sie, wie es wäre, dieser Mensch zu sein, auch wenn Ihnen das vielleicht alles andere als erstrebenswert vorkommt. Übermitteln Sie ihm inneren Frieden, Liebe und gute, warme Gedanken.

Dieser letzte Schritt entbindet Sie von Ihren negativen Emotionen und öffnet Ihnen den Weg in eine davon unbelastete Zukunft. Vergebung beziehungsweise der Verzicht auf schlechte Gefühle jemand anderem – oder auch sich selbst – gegenüber fällt meistens sehr schwer, doch wenn Sie diese Schritte befolgen, wird es viel leichter, denn dann haben Sie das Empfinden von Liebe ja bereits in den Punkten 1–5 geübt.

Zwei andere Varianten der Liebende-Güte-Meditation (»Loving Kindness«) finden Sie – in englischer Sprache – auf den YouTube-Kanälen von Sharon Salzberg und Tara Brach.

Die Starbucks-Meditation

Dauer: so lange, wie Sie in der Schlange auf Ihren Kaffee warten müssen
Ideal: für zwischendurch
Geeigneter Zeitpunkt: wenn Sie in der Schlange stehen … und warten …

Warum Zeit verschwenden, wenn man die Wartezeit in der Schlange doch auch nutzen kann? Es gibt so viele Gelegenheiten, aus denen wir echte Chancen machen können. Wenn wir irgendwo warten, befindet sich das Gehirn normalerweise auf einem ganz anderen Planeten. Mit der folgenden Meditation aber holen Sie es sich zurück. Und damit zugleich auch die Kraft der Präsenz. Indem wir alles, was wir tun, mit Achtsamkeit angehen, bringen wir die Meditation in den Alltag. Denn um tatsächlich im Jetzt leben zu können, müssen wir jeden einzelnen Moment bewusst wahrnehmen.

Die Starbucks-Meditation stellt eine Kombination aus Geh-, »Spüren Sie die Liebe«- und Genuss-Meditation dar, bietet also drei Meditationen in einer. Und so machen Sie Ihren nächsten Boxenstopp im Coffeeshop zu einem Mini-Achtsamkeits-Retreat:

1. Fokussieren Sie sich ganz auf Ihre Füße, wenn Sie das nächste Mal in der Warteschlange stehen, um Ihre Bestellung aufgeben zu können. Richten Sie

buchstäblich alle Aufmerksamkeit auf die Füße und spüren Sie, wie sie mit dem Boden in Kontakt stehen.

2. Heben Sie nun den rechten Fuß ganz langsam an und machen einen Schritt vorwärts. Sie kommen mit der Ferse auf und rollen langsam nach vorn ab.

3. Den nächsten Schritt machen Sie genauso langsam mit dem linken Fuß. Nehmen Sie wahr, wie sich Ihr Gewicht nach vorn verlagert und Körper und Knie zusammenarbeiten, um Sie voranzubringen. Das alles geht im Schneckentempo – was sich von selbst ergibt, weil ja in der Schlange Leute vor Ihnen stehen.

4. Sind Sie dann schließlich mit Bestellen dran, schauen Sie der/m Barista in die Augen und lächeln freundlich. Wenn Sie die Person nämlich anlächeln, lächelt sie zurück – und eine Verbindung ist hergestellt. Eigentlich komisch, dass wir es nicht öfter so machen.

5. Nach der Bestellung gehen Sie genauso achtsam wie bisher in den Wartebereich weiter. Und statt sauer zu sein, weil es so lange dauert, bis Sie Ihr Getränk bekommen, stehen Sie einfach nur da und verbinden sich mit Ihrem Atem. Mogeln gilt nicht, also: kein Griff zum Handy! Das Problem ist, dass Sie alles lieber tun würden, als einfach nur zu sein. Doch mithilfe des Refokussierungsmuskels, den Sie sich inzwischen antrainiert haben, bringen Sie

sich immer wieder in den gegenwärtigen Moment zurück.

6. Haben Sie Ihr Getränk dann schließlich, halten Sie es zunächst einen Moment lang in den Händen und spüren seine Temperatur. Riechen Sie genüsslich daran. Nehmen Sie dann das erste Schlückchen und genießen es in vollen Zügen.

So leicht kann man ödes Warten in eine Gelegenheit zur Achtsamkeit verwandeln. Ich liebe diese Quickie-Meditation – sie ist ein so toller Start in den Tag!

Entspannungs-Meditation

Dauer: 5 Minuten
Ideal: zum Lösen von Verspannungen
Geeigneter Zeitpunkt: wenn Sie ein Päuschen
brauchen, um zu relaxen, sich zu erholen
und sich zu erfrischen

Die Hälfte der Zeit merken wir es gar nicht, wenn wir die Schultern bis zu den Ohren hochgezogen und die Stirn in tiefe Falten gelegt haben. Wir sind so angespannt und wissen es nicht einmal. Die folgende Körperscan-Meditation stellt eine wunderbare Möglichkeit dar, solche Verspannungen im Körper loszuwerden. Und sich daraufhin gleich viel besser zu fühlen. Dabei ist es nicht einmal schwer.

Und es geht so:

1. Legen Sie sich hin und schließen die Augen. Sollten Sie sich gerade im Büro aufhalten oder woanders sein, wo Sie sich nicht einfach hinlegen können, nehmen Sie bequem auf einem Stuhl Platz.
2. Holen Sie genüsslich dreimal tief Luft.
3. Lenken Sie Ihre Aufmerksamkeit in die Füße und spüren, wie sie sich anfühlen. Nehmen Sie das Gewicht Ihrer Fersen auf dem Boden wahr. Spannen Sie die Füße fest an, bevor Sie sie bewusst entspannen.

4. Arbeiten Sie sich auf diese Weise in Ihrem Körper aufwärts: Waden, Oberschenkel, Hüfte, Magen, Brustkorb, Hände, Arme, Schultern, Hals und Gesicht. Spannen Sie Ihr Bein an und entspannen Sie es; je nach der Zeit, die Ihnen zur Verfügung steht, können Sie dies mit beiden Beinen gleichzeitig oder mit einem nach dem anderen machen. Spannen Sie den Bauch an, um die Muskulatur dort anschließend loszulassen. Ballen Sie die Hände zur Faust, und lockern Sie sie dann wieder. Arbeiten Sie sich vom Hintern bis zum Gesicht hoch. Entspannen Sie die Lippen, Wangen, Augen, die Stirn und das Gehirn.

6. Nehmen Sie sodann einen abschließenden tiefen Atemzug und öffnen wieder die Augen.

Anmerkung: Diese Meditation lässt sich auch gut vor dem Zubettgehen durchführen, sie hilft beim Entspannen und Einschlafen.

Meditation für einen guten Schlaf

Dauer: 3 Minuten
Ideal: zum abendlichen Relaxen vor dem
Zubettgehen
Geeigneter Zeitpunkt: wenn Sie eine kleine
Einschlafhilfe brauchen oder einfach besser
schlafen möchten

Die folgende Atemübung habe ich von der *Unplug*-Lehrerin Sara Ivanhoe gelernt. Probieren Sie sie einmal unmittelbar vor dem Bodyscan aus, und Sie werden sehen, wie schnell Sie danach einschlafen können.

1. Legen Sie sich hin und machen die Augen zu.
2. Legen Sie Zeige- und Mittelfinger Ihrer rechten Hand auf das sogenannte »Dritte Auge«, das sechste der sieben Hauptchakras, das sich zwischen und etwa einen guten Zentimeter über den Brauen befindet. Direkt in der Stirnmitte wäre bereits zu hoch.
3. Verschließen Sie Ihr rechtes Nasenloch mit dem rechten Daumen.
4. Atmen Sie so lange wie möglich durch das linke Nasenloch ein.
5. Nehmen Sie den Daumen weg; verschließen Sie stattdessen das linke Nasenloch mit dem kleinen Finger der rechten Hand und atmen durch das rechte aus.

6. Diese Übung führen Sie nun drei Minuten lang abwechselnd durch, das heißt: Sie atmen durch das eine Nasenloch ein und durch das andere aus.

Der Fixe-Ideen-Löscher

Dauer: 1–3 Minuten
Ideal: zum Abschalten bei zwanghaften
Denkschlaufen
Geeigneter Zeitpunkt: wenn Sie eine
Überlegung partout nicht aus dem
Kopf kriegen

Wir alle sind mitunter von irgendetwas wie besessen: von Fehlern, die wir gemacht haben, von der Idee, zu dick zu sein, von Sorgen, die mit der Arbeit zu tun haben … Aus solchen Denkschlaufen herauszukommen ist gar nicht so leicht, aber genau darin sind Sie ja nun schon geübt! Sie haben den Muskel trainiert, der Ihre Aufmerksamkeit zurückführt. Und mit dem Fixe-Ideen-Löscher geht das jetzt sogar noch schneller.

Probieren Sie ihn aus, wenn Sie das nächste Mal wieder grübeln und grübeln und einfach nicht abschalten können:

1. Schließen Sie die Augen und denken an das, was Ihnen da ständig durch den Kopf geht. Das ist nicht weiter schwer, stimmt's?
2. Stellen Sie sich nun einen Computerbildschirm vor; Ihre Hand liegt auf der Maus oder dem Touchpad. Gehen Sie mit dem Cursor auf Ihre fixe Idee, und klicken Sie sie an.

3. Verschieben Sie diese Datei nun gedanklich in den Papierkorb.
4. Dann leeren Sie den Papierkorb.
5. Jetzt sehen Sie vor Ihrem inneren Auge, wie auf dem Bildschirm eine neue leere Seite auftaucht. Atmen!
6. Sollte Ihr »Gedankenwurm« später wieder aufpoppen, klicken Sie ihn einfach erneut an, verschieben ihn in den Papierkorb und leeren diesen ein weiteres Mal. Das heißt, Sie wiederholen den ganzen Vorgang bis zum Erscheinen einer neuen Seite.

Meditation zur Refokussierung

Dauer: nicht einmal eine Minute
Ideal: um den Fokus wiederzufinden
Geeigneter Zeitpunkt: sobald Sie bemerken,
dass Ihre Gedanken abgeschweift sind,
und Sie wieder zurückfinden möchten

Ich kann gar nicht sagen, in wie vielen Meetings meine Gedanken schon auf Wanderschaft gegangen sind und ich hinterher keine Ahnung hatte, wovon in der Zwischenzeit die Rede war. Offen gestanden passiert mir das sogar in Gesprächen unter vier Augen manchmal. Mit der folgenden Übung können Sie Ihre Gedanken zurückbringen, wenn sie einmal abgeschweift sind. Im Englischen heißt sie – nach den Anfangsbuchstaben der einzelnen Handlungsanweisungen – »STOP-Meditation«, und ich habe sie am Mindful Awareness Research Center der University of California in Los Angeles kennengelernt.

1. Halten Sie inne.
2. Atmen Sie.
3. Nehmen Sie wahr, was um Sie herum geschieht, wo Sie sich befinden, wer gerade spricht und dass Ihre Gedanken ganz woanders waren.
4. Machen Sie einfach mit dem weiter, was Sie zuvor getan haben, nur jetzt hellwach und mit vollem Bewusstsein.

Wenden Sie diese Übung immer an, wenn Sie wieder ins Hier und Jetzt zurückkommen möchten.

Meditation zum Abnehmen

Dauer: 1–5 Minuten
Ideal: zum Dämpfen von Essgelüsten
Geeigneter Zeitpunkt: sobald Kekse, Pommes,
Schokolade & Co. Ihnen »Iss mich« zuflüstern

Wenn wir uns überessen oder Nahrungsmittel zu uns nehmen, die uns nicht guttun, so meistens, weil wir gestresst sind und gedankenlos unseren Gelüsten nachgeben. Es mag sein, dass wir den süßen oder salzigen Versuchungen ziemlich hilflos gegenüberstehen. Dennoch haben wir immer die Macht zu entscheiden, was wir uns in den Mund stecken – und können mit ein bisschen Hilfe des Gehirns unseren Gelüsten auf gesündere Art begegnen.

Um wirklich abzunehmen, ist das Beste, was Sie tun können, vor jeder Mahlzeit zu meditieren. Schreiben Sie es sich in den Kalender: für sieben Uhr in der Früh, zwölf Uhr am Mittag und sechs Uhr am Abend. Durch die morgendliche Meditation wird Ihr innerer Pause-Knopf aktiviert, sodass Sie sich tagsüber bremsen können, sollten Sie von einer Versuchung heimgesucht werden. Auf diese Weise trainieren Sie Ihr Gehirn darauf, dass es Ihnen einen Moment Zeit gibt, die Sie nutzen können, um eine bewusste Entscheidung zu treffen, statt sich – wie sonst – willenlos vollzustopfen.

In dieser Pause gehen Sie wie folgt vor:

1. Sie schließen die Augen und atmen dreimal langsam tief durch.
2. Dann sagen Sie sich die folgenden fünf Sätze vor (solange Sie sie noch nicht auswendig können, dürfen Sie die Augen gern wieder kurz öffnen und die Sätze ablesen):
   - Ich ernähre mich bewusst und kenne meine Essgewohnheiten.
   - Ich weiß, was mir guttut und was nicht.
   - Ich selbst entscheide, was ich meinem Körper zuführe und was nicht.
   - Ich esse, um mich mit Nährstoffen zu versorgen und mich gut zu fühlen.
   - Ich habe die Macht, Ja oder Nein zu etwas zu sagen.
3. Dann wiederholen Sie stumm Ihr Mantra *Ich treffe die Wahl.*
4. Diesen Prozess führen Sie so oft und lange durch, bis Ihre Gelüste gedämpft sind und Sie spüren, dass Sie die Kontrolle wiedererlangt haben.

Jetzt können Ihnen Kekse, Pommes, Schokolade & Co. nichts mehr anhaben.

Meditation für größere Klarheit

Dauer: 1 Minute
Ideal: zum Finden von Antworten
und Inspiration im Inneren
Geeigneter Zeitpunkt: wenn Sie in einer
bestimmten Frage nicht weiterwissen

Sie haben sich festgefahren … wissen nicht weiter … in Ihrem Kopf herrscht gähnende Leere. Diese Absichtsmeditation verwandelt Verwirrung in Klarheit, ob es sich nun um ein bestimmtes Problem handelt oder die Kreativität gerade nicht so fließen will, wie wir uns das wünschen.

Bei dieser Übung bedienen Sie sich eines Teiles Ihres Geistes, um sich die Frage vorzunehmen oder das Problem zu wälzen, und begeben sich dann in den meditativen Aspekt des Geistes, in dem die Lösung verborgen liegt. Ja, sie befindet sich dort irgendwo, und die Meditation hilft, sie zum Vorschein zu bringen.

Versuchen Sie es ruhig, wenn Sie einmal wieder in irgendeiner Frage nicht weiterkommen:

1. Schließen Sie die Augen, und atmen Sie dreimal tief und genüsslich durch.
2. Denken Sie an das Thema, das Sie beschäftigt.
3. Stellen Sie sich die Frage: *Welche Antwort gibt es darauf?*

4. Lassen Sie von Ihrem Thema ab, um mit Ihrer üblichen Meditation zu beginnen, und nehmen alles wahr, was dabei hochkommt. Sollte sich Ihre Frage weiterhin in den Vordergrund schieben, behandeln Sie sie wie jeden anderen Gedanken auch, lassen sie ziehen und kehren zu Ihrem Atem oder Mantra zurück.

Der Punkt ist, dass Sie aufhören, über das Problem nachzugrübeln – das haben Sie wahrscheinlich sowieso schon lange genug getan. Und nun entfernen Sie sich von der gedanklichen Ebene Ihres Bewusstseins, die die Frage überhaupt erst hervorgebracht hat, um in den Freiraum Ihres Bewusstseins abdriften zu können, in dem die Antwort liegt.

Tipp: Zur Verstärkung der geistigen Klarheit können Sie zusätzlich ein paar Tropfen Pfefferminzöl verwenden.

Chakrenausgleich

Dauer: mindestens 5 Minuten
Ideal: zur Harmonisierung von Geist, Körper
und Seele
Geeigneter Zeitpunkt: wann immer Sie sich
irgendwie »daneben« fühlen oder einfach
in bessere Stimmung kommen möchten

Chakras sind Energiepunkte im Körper, die man zwar nicht sehen, aber spüren kann. Steve Ross erklärt: »Mit dem physischen Körper sind wir alle vertraut. Es gibt aber auch noch subtilere Dimensionen. Der feinstoffliche Körper – in dem Sie sich im Traum befinden – verfügt über sieben Chakras beziehungsweise Energiewirbel. Diese findet man nicht, wenn man den Körper seziert. Aber bei einer Gehirnsektion lassen sich auch keine Emotionen oder Gedanken ausmachen. Dass man etwas nicht sieht, heißt also noch lange nicht, dass es nicht vorhanden wäre.«

Diese sieben Chakras sind senkrecht übereinander in Ihrem Körper verteilt, zwischen der Wirbelsäulenbasis und dem Scheitel. Jedem Chakra werden eine bestimmte Energie und eine Farbe zugeordnet. Der Übersichtlichkeit wegen habe ich Ihnen die folgende Tabelle zusammengestellt:

CHAKRA	KÖRPER-STELLE	ENERGIE	FARBE
1. Wurzelchakra	Wirbelsäulen-basis	Erdung, Überleben, Schutz	Rot
2. Sakralchakra	zwischen Nabel und Schambein	Sinnlichkeit, kreative Energie, Mut	Orange
3. Solarplexus	Bauchgegend	persönliche Stärke, Fülle	Gelb
4. Herzchakra	Mitte des Brustkorbs	Liebe, Vertrauen	Grün
5. Kehlchakra	Halspartie	Kommunikation, Selbstausdruck	Blau
6. Drittes Auge	zwischen den Augenbrauen	Intuition, Ideen, Gedanken, Träume	Indigo
7. Kronenchakra	Scheitel oder leicht darüber	Erleuchtung, höheres Bewusst-sein	Violett

Diese allseits beliebte Meditation bringt die verschiedenen Energien in Einklang miteinander und sorgt insgesamt für größere Harmonie. Und einmal ehrlich: Was sollte es schon Schöneres geben können als das Gefühl von Erdung, Glück, Stärke, Liebe, Zugehörigkeit und Erleuchtung?

Hier ist Steves Anleitung:

1. Legen Sie sich hin und schließen die Augen.
2. Nehmen Sie zunächst drei ausgedehnte Atemzüge, um in Ihrem Körper anzukommen.
3. Sie werden Ihre Chakras im Folgenden zweimal durchgehen – einmal quasi diagnostisch, um Ihren körperlichen und energetischen Zustand zu erfassen, und ein zweites Mal, um alles in Balance zu bringen. Für den diagnostischen Scan fokussieren Sie sich auf nichts anderes als auf Ihr erstes Chakra an der Basis Ihrer Wirbelsäule. Spüren Sie dort womöglich ein Hitzegefühl, eine gewisse Kühle, ein Pulsieren oder irgendetwas anderes, was darauf hindeutet, dass dort Energie festgehalten wird? Wenn ja, gut, das heißt, dass dieses Chakra aktiv ist. Wenn Sie nichts spüren, ist das auch in Ordnung, dann fokussieren Sie sich beim zweiten Durchgang besonders auf Ihr Wurzelchakra, um es zu aktivieren. Machen Sie keine große Sache aus der Frage, ob ein Chakra aktiv ist oder nicht. Nehmen Sie es einfach zur Kenntnis und gehen zum

nächsten über. Arbeiten Sie sich auf diese Weise von unten nach oben bis in Ihr Kronenchakra und registrieren jeweils, ob Sie das Chakra spüren oder nicht.

4. Zum Abschluss dieses Durchgangs atmen Sie wieder ein paarmal tief ein und aus.

5. Den zweiten Scan beginnen Sie ebenfalls am Wurzelchakra. Dieses Mal bleibt der Fokus ein paar Minuten lang dort. Hilfreich ist es, die Farbe des jeweiligen Energiestrudels zu visualisieren. Sollte Ihre Aufmerksamkeit abwandern, bringen Sie sie einfach an Ort und Stelle zurück und beginnen von vorn. Nehmen Sie jede Empfindung wahr, die dabei hochkommen sollte, lassen Sie sie dann los und fokussieren sich wieder auf das jeweilige Chakra. So arbeiten Sie sich ein weiteres Mal bis zum Kronenchakra hoch.

Das Ziel besteht darin, alle Chakras zum Aufleuchten zu bringen. Und damit dies geschehen kann, müssen Sie sich auf jedes einzeln fokussieren. Im Laufe der Zeit werden Sie bemerken, dass sie bestimmte Chakras an manchen Tagen sehr deutlich wahrnehmen und an anderen gar nicht. Beide Beobachtungen sind Hinweise. Ich persönlich spüre mitunter ausschließlich mein Kehlchakra. Wenn ich mich dann darauf einstimme, fällt mir auf, dass ich etwas zum Ausdruck bringen – akzeptieren und kommunizieren – muss.

Schon am nächsten Tag kann alles wieder ganz anders aussehen. Mit zunehmender Praxis wird auch Ihnen auffallen, dass es nie gleich ist – dass ein Chakra, das heute noch schläft, morgen hoch aktiv sein kann. Diese Meditation ermöglicht es Ihnen, alles ins Gleichgewicht zu bringen und diejenigen Körperpartien mit Energie zu versorgen, die gerade welche benötigen.

Tipp: Um sich einen zusätzlichen Energieschub zu geben, können Sie sich auch Steine auf einzelne Chakras legen. Ich liebe, liebe, liebe das! Mehr darüber finden Sie im Kapitel »Kristallheilung«.

Die Stau-Meditation

Dauer: 1–3 Minuten (kann – je nach Bedarf – beliebig oft wiederholt werden)
Ideal: gegen Frust, Stress und Aggressivität im Straßenverkehr
Geeigneter Zeitpunkt: wann immer die Verhältnisse auf der Straße Sie in den Wahnsinn zu treiben drohen

Ich kann Ihnen sagen: Etwas Stressigeres, als im Berufsverkehr auf der I-405 in Los Angeles festzustecken, gibt es nicht! Oder wahrscheinlich überhaupt im Stau zu stehen. Irgendwo auf der Welt.

Hier unser Rezept gegen den Frust, der aus der schier endlosen Autoschlange vor Ihnen resultiert und das Blut zum Kochen bringt. Im englischsprachigen Original ist es so einfach wie das ABC. Und auch im Deutschen brauchen Sie sich nur drei Buchstaben zu merken – A, S und V:

1. A = Achten Sie auf die Straße. Fokussieren Sie sich ganz auf die Situation, und registrieren Sie sie so genau, wie es Ihnen überhaupt nur möglich ist. Zum Beispiel: *Wir stehen hier Stoßstange an Stoßstange; ich komme keinen Zentimeter weiter; ich stecke fest; ich werde zu spät kommen, und das hasse ich; es geht mir gerade hundeelend.*

2. S = Scannen Sie Ihren Körper. Beginnend bei den Füßen reisen Sie in Gedanken bis zum Kopf hoch, um sich zu erden. Spüren Sie Ihre Füße auf den Pedalen, Ihren Hintern auf dem Sitz, die Hände am Steuer und Ihren Blick, den Sie auf die Straße gerichtet haben.

3. V = Verbinden Sie sich mit Ihrem Atem. Atmen Sie zunächst langsam tief durch die Nase ein und ebenso langsam und tief durch den Mund aus. Denn lenken Sie Ihre Aufmerksamkeit in Ihren Brustkorb, zählen beim Einatmen bis vier und spüren, wie er sich weitet. Sie halten die Luft an, während Sie wieder bis vier zählen, und atmen dann auf vier aus, wobei Sie wahrnehmen, dass Ihr Brustkorb wieder flacher wird. Wiederholen Sie den gesamten Vorgang und zählen bei jedem Schritt bis vier. Spüren Sie, wie Sie sich dabei zunehmend entspannen.

Nach Ihrem ASV wiederholen Sie dreimal das Mantra *Es ist, wie es ist,* stumm oder mit Stimme. Der Stau löst sich dadurch vermutlich nicht sofort auf. Sie aber kommen zur Ruhe. Mit Sicherheit!

TIEFER EINTAUCHEN

Sobald Ihre Seele durch das Meditieren erst einmal geweckt ist, werden Sie tiefer und tiefer gehen und immer mehr tun wollen. Denn schließlich gibt es doch noch so viele Pfade, die nur der Erkundung harren.

In diesem Teil des Buches informiere ich Sie über weitere Meditationsformen, wie etwa die geleitete Achtsamkeitsmeditation, Aromatherapie-, Kristall-, Klang- und Absichtsmeditation. Außerdem spreche ich fünf weitere Praktiken an, die einen Versuch wert sind: Klopfen, Kristallheilung, Atemarbeit, Klangbäder und Meditation für Kinder. Probieren Sie die eine oder andere ruhig einmal aus. Außer Ihrer Skepsis und viel Stress haben Sie ja nichts zu verlieren.

Weitere Arten zu meditieren

Ich bin zwar der festen Überzeugung, dass die einfache Formel für schnörkelloses Meditieren den leichtesten Einstieg in die Meditationspraxis darstellt. Andererseits sind aber auch nicht alle Menschen gleich, und deshalb ist es eine gute Idee, verschiedene Methoden auszuprobieren, um herauszufinden, was einem am meisten zusagt. Und Spaß macht es außerdem!

Hier sind einige meiner Lieblingsmethoden. Auf unserer Website unplugmeditation.com finden sich, wenn auch nicht für alle, Anleitungsvideos in englischer Sprache.

Geleitete Achtsamkeitsmeditation

Ich liebe geführte Fantasiereisen, auch wenn sie für einige Leute gar keine Meditationen darstellen. In meinen Augen ist das ganz anders. Denn geführte Fantasiereisen sind sehr wirksam zur Entspannung und Beruhigung sowie zur Pflege positiver Emotionen wie Dankbarkeit und

Mitgefühl. Darüber hinaus können sie das Bewusstsein für bestimmte Sachverhalte beziehungsweise innere Wahrheiten schärfen, von deren Existenz man gar nichts wusste. So gesehen bieten Fantasiereisen also eine wunderbare Gelegenheit zur Selbsterkenntnis und -erforschung.

Ich habe mir in solchen Kursen schon ein Bild von meinem zukünftigen Selbst gemacht, gespürt, wie ich auf Jamaika am Strand lag, und mein ideales Leben wie auf einer Kinoleinwand beobachtet. Ich habe mir den Baum des Lebens und mich selbst als Gärtnerin ausgemalt, die darunter die Blätter aufsammelt, die Menschen symbolisieren, die ich loslassen muss, oder Dinge, die ich nicht mehr brauche. Ich habe mir in diesen wunderbaren 45-minütigen Sitzungen die Erfüllung meiner Träume in allen Einzelheiten vorgestellt, Sehnsüchte entdeckt, die mir nicht bewusst waren, und unverhoffte Einblicke in die Tiefe meiner Seele gewonnen.

Auch geführte Fantasiereisen beruhen auf dem Ablauf, der Ihnen nun bereits vertraut ist: fokussieren, loslassen, abdriften, bemerken, dass die Gedanken abgeschweift sind, neu fokussieren, wiederholen. Nur fokussieren Sie sich in diesem Fall statt auf den Atem oder ein Mantra auf die Stimme des Lehrers, die Ihre Fantasie lenkt. Auf eine solche Reise können Sie nicht allein gehen, dafür brauchen Sie einen guten Tourenleiter. Der Sie allerdings nicht live begleiten muss. Auch Audioaufnahmen können hervorragende Dienste leisten.

Die diplomierte Hypnotherapeutin und Expertin für Fantasiereisen Kristen Luman erklärt deren Funktionsweise so:

> Geführte Fantasiereisen stellen im Grunde einen Prozess der Selbsterkundung dar. Die Leute erleben und sehen dabei Dinge, die sie womöglich nie zuvor erfahren haben, und lernen viel über sich. Ich bitte meine Kursteilnehmer zum Beispiel oft, sich vorzustellen, sie würden ein Bild ihres Lebens malen, wie es sich momentan darstellt. Am Anfang ist vielleicht alles in den schönsten Sonnenschein getaucht. Aber dann sehen sie sich mit einem Mal dunkle Wolken ans Firmament bannen. Und ich frage sie, ob sie nicht vielleicht doch lieber einen freundlicheren Himmel und sanfte Hügel in ihrem Bild haben wollen als bedrohliche Felswände. Denn man kann ja alles verändern, was man sieht und das einem nicht gefällt. In diesem Prozess verbindet man sich auf einer sehr tiefen Ebene mit sich selbst und erzeugt neue, positive Assoziationen.

> Im Gehirn leuchten bekanntlich dieselben Areale auf, wenn man sich etwas nur vorstellt, wie wenn man es wirklich tut. Deshalb kann man bei Fantasiereisen im Grunde sein Gehirn umprogrammieren, wenn auch erst einmal nur im Kleinen. Alles

wird von unseren Gedanken beeinflusst. Und da stellt sich doch die Frage, warum man nicht so denken sollte, dass man in der Welt, die man sich gestaltet, auch gern leben würde? Warum nicht Urheber eines ganz eigenen Meisterwerkes werden?

Viele Anfänger betrachten geleitete Meditationen als idealen Einstieg, weil sie dabei buchstäblich von einer Station ihrer Reise zur nächsten begleitet werden. Denn nicht allein, dass die Stimme sie in etwas verankert, was außerhalb ihrer umherstreifenden Gedanken liegt, darüber hinaus gibt sie ihnen auch das herrliche Gefühl der Verbundenheit mit anderen, wie wir es zum Beispiel aus den Gruppenmeditationen bei *Unplug* kennen.

Aromatherapie-Meditation

Für das Gehirn sind Düfte ein hervorragender Trigger. Angenommen, Sie betreten ein Spa. Von den wohltuenden, erfrischenden Aromen dort geht das Signal aus: *Gleich kommt die Entspannung*, und sofort fühlen Sie sich schon viel relaxter. Das ist einer der Gründe, weshalb ich die Kombination von Meditation und ätherischen Ölen so mag.

Bei der Aromatherapie-Meditation verwenden Sie einen Duft als Vehikel weg vom Geplapper Ihres Geistes hin zum gegenwärtigen Moment. Und das funktioniert so:

Wählen Sie ein qualitativ hochwertiges ätherisches Öl, dessen Aroma Ihnen zusagt. In Naturkostläden finden Sie eine reiche Auswahl, auch online. Hier eine Liste empfehlenswerter Düfte mit ihren jeweiligen Hauptanwendungsbereichen:

- **Lavendel:** Entspannung
- **Orange:** Zufriedenheit, Lösung von Ängsten (mein persönlicher Favorit)
- **Pfefferminze:** geistige Klarheit, Wachheit, Stresslinderung (auch bei Kopfschmerzen sehr empfehlenswert)
- **Rose:** Liebe, Mitgefühl, öffnet das Herz
- **Vanille:** Wärme, Geborgenheit

Nachdem Sie sich ein paar Tropfen des Öls in eine Handfläche gegeben haben, reiben Sie sich vorsichtig die Hände, um den Duft zur Entfaltung zu bringen und ihn zu verteilen. Dann führen Sie Ihre Hände an die Nase, inhalieren kurz, schließen die Augen und fokussieren sich auf das Aroma. Schließlich senken Sie die Hände wieder, lassen los, atmen und beginnen mit Ihrer Meditation. Sobald Sie merken, dass sich Gedanken einschleichen, heben Sie die Hände vors Gesicht, atmen noch einmal den Duft des Öles ein und beginnen von vorn.

Besonders cool finde ich, dass man im weiteren Verlauf des Tages an dem Öl schnuppern kann, wann immer man das Bedürfnis hat, wieder ein bisschen mehr zu sich zu kommen. Gerade wenn Sie ein und denselben Duft öfter verwenden, wird er über kurz oder lang zum Auslöser einer bestimmten Verfassung, je nachdem ruhig, zufrieden, energetisiert oder liebevoll. Ich hoffe wirklich, dass Sie der Aromatherapie in Kombination mit Ihrer Meditation eine Chance geben, denn so wird etwas ganz Besonderes daraus.

Kristall-Meditation

Viel zu viele Leute lassen sich von dem Wort »Kristalle« abschrecken. Dabei sind es einfach nur Steine. Und die haben absolut nichts Magisches an sich – es sei denn, man versteht, wie ich, unter Magie etwas, das man zwar spüren, nicht aber naturwissenschaftlich belegen kann. Nachweisen lässt sich allerdings, dass von Kristallen eine messbare Strahlung ausgeht. Was auch der Grund dafür ist, dass sie in Lasergeräten und Quarzuhren Verwendung finden.

Manche Menschen sind der festen Überzeugung, durch die Kraft der Kristalle von einer Erkrankung befreit worden zu sein. Andere – zu denen auch ich gehöre – spüren eine Art Kribbeln im Arm, wenn Sie bestimmte Steine in der Hand halten. In den Zimmern meiner Söhne habe ich mehrere Amethyste verteilt, weil ich glaube, dass sie die Jungs beruhigen.

Beim Meditieren können Sie einen Stein als Fokuspunkt nutzen wie sonst Ihren Atem oder ein Mantra. Sobald Sie anfangen, in die Vergangenheit oder die Zukunft abzuschweifen, erinnern Gewicht, Struktur und das Fühlen des Steines in Ihrer Hand Sie sofort daran, von diesen Gedanken abzulassen und sich wieder auf Ihren Atem zu fokussieren.

Als Erstes suchen Sie sich einen Stein aus. Die Kristall-Meditations-Lehrerin Jona Genova empfiehlt, dass man ihn irgendwo vor Ort kauft (und nicht etwa im Internet bestellt), weil man ihn so in die Hand nehmen und erspüren kann. Sie finden die Steine in Spezialläden, vielen Yogastudios oder manchmal sogar in Geschäften für Gartenbedarf. Falls Sie aus irgendeinem Grund online kaufen müssen, sollten Sie wenigstens keinen Allround-Versender wählen, sondern einem speziellen Steinlädchen den Vorzug geben, damit Sie sicher sein können, keine Fälschung zu erhalten, sondern einen echten Kristall von höchster Qualität.

Jede Kristallart verkörpert eine spezielle Energie. Der Rosenquarz beispielsweise erleichtert das Lieben und Geliebtwerden, und der Amethyst ist für seine beruhigende Wirkung bekannt. Trotzdem empfiehlt Jona Genova nachdrücklich, den Stein intuitiv zu wählen, ohne sich zuvor über seine Eigenschaften und Kräfte zu informieren. Denn auf diese Weise findet praktisch jeder das

Exemplar, das genau über die Energie und Qualitäten verfügt, die in seinem Leben gerade fehlen.

Die sechs bei *Unplug* beliebtesten Steine sind:

1. Rosenquarz: Liebe
2. Amethyst: Beruhigung
3. Schwarzer Turmalin: Erdung
4. Bergkristall: allgemeiner Ausgleich und Verstärkung von Energien (wie der der Freude, der Ruhe und so fort)
5. Karneol: Zufriedenheit
6. Pyrit: Erfolg, Glück und Wohlstand

Sobald Sie sich Ihren Kristall ausgesucht haben, können Sie es sich in Ihrer bevorzugten Meditationshaltung bequem machen und den Stein in der Hand halten. Eine andere Möglichkeit besteht darin, ihn im Liegen auf einem bestimmten Körperteil zu positionieren. (Mehr über das Verhältnis von Kristallen zu den Chakras und Körperstellen, auf die sie einwirken, erfahren Sie im Kapitel »Kristallheilung«) Schließen Sie die Augen, atmen Sie und fokussieren Sie sich auf Ihren Stein. Spüren Sie sein Gewicht, seine Temperatur und Struktur. Sie fokussieren sich auf Ihren Stein und atmen, lassen los und driften ab. Sobald Sie bemerken, dass Sie wieder zu denken anfangen, lenken Sie Ihre Aufmerksamkeit auf die physische Wahrnehmung des Kristalls zurück und fangen von vorn an.

Und wenn Sie das Meditieren mithilfe eines Steines schon sehr wirksam finden, dann warten Sie erst einmal, bis Sie sich eine Ganzkörperkristallheilung gönnen! Diese beruht auf der Kraft der Steine, die Energien des Menschen auf allen Ebenen auszugleichen und ihn auf diese Art und Weise zu heilen.

Klang-Meditation

Falls Sie noch nie mit einer tibetischen Klangschale meditiert haben, sollten Sie dies unbedingt nachholen. Für mich jedenfalls stellt die Klang-Meditation eine der aufregendsten Arten des Meditierens dar, weil man sie unmittelbar körperlich spürt. Statt ausschließlich auf den Atem fokussieren Sie sich in diesem Fall auf das Empfinden der Schallschwingungen und kommen dadurch leichter aus dem Kopf raus und zu sich selbst.

Als Erstes benötigen Sie eine Klangschale. Online dürfte es kein Problem sein, eine zu finden. Es muss auch kein Superteil sein, die Größe einer Müslischüssel genügt vollkommen. Ein kleiner Holzschlägel, den Sie auch benötigen, wird meistens gleich mitgeliefert.

Dann begeben Sie sich in die Horizontale und stellen die Schale auf Ihre Brust oder Ihren Bauch. Atmen Sie ein paarmal genüsslich ein und aus, bevor Sie die Schale mit dem Schlägel am Rand anschlagen. Sofort entsteht ein schöner, melodiöser Klang. Aber wichtiger noch: Sie spüren, wie Ihnen die Schwingung durch und durch geht. Glauben Sie mir, das fühlt sich wunderbar an! Richten Sie Ihre Aufmerksamkeit auf den Ton und das Empfinden und machen beides zum Fokuspunkt Ihrer Meditation. Sobald der Klang verebbt, setzen Sie sich in stiller Achtsamkeit hin. Geht Ihr Geist auf Wanderschaft, schlagen Sie die Schale erneut an und fangen wieder von vorn an.

Sie können auch ein bisschen experimentieren, indem Sie sich die Schale auf unterschiedliche Körperpartien stellen, was jeweils eine andere Empfindung erzeugt. An den nackten Sohlen etwa fühlt sich die Schwingung an wie ein warmes Fußbad. Sie können sich sogar eine »Klangdusche« gönnen, allerdings besser nicht in der Öffentlichkeit, die Leute würden Sie für verrückt erklären, aber es ist einfach herrlich! Dafür setzen Sie sich die Schale verkehrt herum auf den Kopf und schlagen sie ganz sanft an. Der Klang rieselt Ihnen den ganzen Körper hinab. So eine Klangdusche ist die einfachste und schnellste Methode, sofort zur Ruhe zu kommen.

Später erzähle ich Ihnen noch von Klang*bädern*, die die Klang-Meditation auf eine ganz andere Ebene heben. Dabei bespielt ein Profi eine ganze Reihe von verschiedenen Gongs und Glocken, die den Sound des Universums verkörpern, und dabei geraten Sie in den verträumtesten meditativen Zustand, den Sie sich nur vorstellen können.

Absichtsmeditation

»Die Energie folgt der Aufmerksamkeit.« Diesen Satz werden Sie über kurz oder lang in jedem Yogastudio oder Meditationskurs hören, und er stimmt total. Wenn Sie sich geistig genauestens vorstellen, dass Sie Ihr Ziel erreichen, ist es schon halb geschafft – das wird Ihnen jeder Spitzensportler bestätigen. Umgekehrt wird allerdings auch ein Schuh daraus: Die Überzeugung, etwas nicht hinzubekommen, garantiert das Scheitern geradezu.

Mit der Absichtsmeditation lassen sich solche mentalen Hindernisse aus dem Weg räumen. Dabei ist die Meditation der Haupt-Act und das Fassen der Absicht das Vorspiel, das die Energie in die gewünschte Richtung lenkt und das Vorhaben auf Erfolg programmiert.

Als Absichtsmeditationen besonders geeignet sind geleitete Fantasiereisen und Visualisierungen. Die *Unplug*-Lehrerin und zertifizierte Hypnotherapeutin Amy Budden erläutert:

> Die geleitete Visualisierungsmeditation stellt ein sehr effektives Instrument zur Einwirkung des Geistes auf den Körper dar. Und man kann damit auch die Resultate manifestieren, die man sich wünscht. Indem du dir die emotionale oder körperliche Verfassung, die du haben möchtest, genau ausmalst, stellt sie sich auch schon ein. So

kannst du dir zum Beispiel eine beruhigende Wärme vorstellen, wenn dir unbehaglich ist, oder bei Erschöpfung strahlende Gesundheit beziehungsweise Energie. Der Körper folgt dem Geist in die Richtung, die dieser vorgibt.

Wenn du mal müde und total ausgelaugt bist, kannst du dir probeweise ganz oft *Ich stecke voller Energie* sagen, es visualisieren und richtig ausmalen. Bediene dich aller Sinne, um die Vorstellung möglichst real zu machen: Du hast so viel Energie wie nie zuvor in deinem Leben. Indem du die Einzelheiten visualisierst, wirkst du sowohl auf deinen Geist als auch auf den Körper ein und veränderst dadurch deinen Gesamtzustand. Innerhalb von fünf Minuten, garantiere ich dir, fühlst du dich schon viel, viel besser.

Absicht + Visualisierung + Meditation = das gewünschte Resultat!

Sobald Sie runtergekommen sind, stellen Sie eine Verbindung mit Ihrer Seele her und hören beziehungsweise sehen, was sie sich wünscht. Stellen Sie sich Fragen, um herauszufinden, wonach sich Ihr Herz wirklich sehnt. Das Ergebnis könnte Sie überraschen, denn vielleicht zeigt sich etwas ganz anderes, als Sie vermutet hätten.

Ihre Absicht fassen Sie, indem Sie zunächst die Augen schließen und ein paarmal schön tief durchatmen. Dann fragen Sie sich: Was habe ich im vergangenen Jahr geschafft, auf das ich so richtig stolz bin? Das, was Ihnen als Erstes in den Sinn kommt, dürfte die Antwort Ihrer Intuition sein. Stellen Sie sich das von Ihnen Geleistete genau vor – wie es sich angefühlt hat, wie es aussah und wie Sie es geschafft haben.

Als Nächstes fragen Sie sich: *Und was will ich in diesem Jahr schaffen?* Malen Sie sich aus, wie es dazu kommt: wie es aussieht, wie es sich anfühlt, auf welche Weise es Ihr Leben verändert.

Lassen Sie dann los und beginnen mit der Meditation. Der Punkt ist, dass Sie sich nicht auf Ihre Absicht fokussieren, sondern diese sich mental für Sie bereits erfüllt hat, wenn Sie in den meditativen Zustand hineingleiten, in dem Ihr Gehirn immer offener und formbarer wird.

Sie fassen Ihre Absicht, lassen sie los, atmen, meditieren … und ziehen schließlich aus, um die Welt zu erobern!

Praktiken, die Sie auch einmal ausprobieren können

Am Anfang meiner Meditations-»Karriere« war mir extrem daran gelegen, alles möglichst einfach zu halten. Doch seit ich darin etwas geübter bin, interessiere ich mich immer mehr auch für andere spirituelle Wege. Denn je größer mein Wissen über mich selbst wird, desto tiefer möchte ich auch in das Leben als solches eintauchen. Ihnen wird es vermutlich nicht anders ergehen: Sobald Sie einmal auf den Geschmack gekommen sind, wollen bestimmt auch Sie immer weitermachen!

Hier nun einige andere kreative Meditationsformen, die ich mittlerweile sehr lieb gewonnen habe.

Klopfen

Das haben Sie vielleicht schon einmal gehört und fragen sich, was es damit eigentlich auf sich hat. Von außen betrachtet sieht das Klopfen definitiv merkwürdig aus, beinahe schon kultisch, doch kenne ich zur Veränderung von Gewohnheiten und Denkmustern kaum eine wirksamere Methode.

Unsere Lehrerin Lena George ist fortgeschrittene EFT-(Emotional Freedom Technique) bzw. Klopf-Therapeutin. Deshalb überlasse ich ihr die Erklärung, worum es beim Klopfen genau geht, wie es wirkt und was dabei zu tun ist:

> Am besten versteht man das Klopfen wohl, wenn man es als Akupressur für die Emotionen betrachtet. Was wir dabei tun? Wir beklopfen mit den Fingerspitzen bestimmte Energiepunkte, die auch in der Akupressur Verwendung finden, und geben dabei eine bestimmte Erklärung ab beziehungsweise sprechen das Thema an, das wir gerade bearbeiten. Mit Ihren Worten triggern Sie quasi das Problem, um das es geht, während das Klopfen ein beruhigendes Signal durch das Bindegewebe schickt, das Ihre Reaktionen auf den Trigger neu ausrichtet und bearbeitet.

> Der verbale Teil ist wichtig. Denn wenn Sie einen Trigger aussprechen – zum Beispiel die Angst, öffentlich zu reden –, wird Ihr ganzes System von einer physiologischen Reaktion erfasst. Das gleichzeitige Beklopfen sendet ein beruhigendes Signal aus, und somit wird beides im Gehirn entkoppelt.

Das funktioniert bei allem – angefangen bei der Befreiung von Heißhungerattacken auf Süßes bis hin zu Problemen, die aus komplexen posttraumatischen Belastungsstörungen resultieren.

Ich selbst kann das bezeugen – habe ich mir doch meinen Süßhunger weggeklopft. Meine Schwäche sind die zuckrigen Kohlenhydrate (womit ich ja nicht allein bin, oder?).

Ich liebe Müsli und kann es schüsselweise vertilgen, gern auch zwischendurch direkt aus der Packung. Und dann erst Kekse ... ich kenne keinen, der mir nicht schmecken würde. Aber die Klopf-Sitzungen bei Lena haben dazu geführt, dass ich ganze acht Tage die Finger davon gelassen habe. (Am neunten hat mich der Geburtstagskuchen für einen meiner Söhne in die Knie gezwungen; aber ich habe ganz fest vor, wieder mit dem Klopfen anzufangen, und dann bin ich mit dem Süßen bestimmt bald für immer durch.) Wie ich haben auch viele andere einen Narren am Klopfen gefressen, weil es echte Veränderungen bewirkt, die das ganze Leben zum Besseren wenden.

Übers Internet finden Sie EFT-Practitioner bestimmt auch bei Ihnen in der Gegend.

Kristallheilung

In den Ohren vieler Leute klingt »Kristallheilung« wie der größte Quatsch auf Erden, andere behaupten steif und fest, sie habe ihr Leben verändert. Und dem äußeren Erscheinungsbild der Schüler nach zu urteilen, die die Sitzungen eines Kristallheilungskurses verlassen, kann ich nur sagen: Da *muss* etwas dran sein. Denn so viele gehen total gestresst in den Raum und kommen nach der Stunde ruhig lächelnd wieder heraus.

Die Kraft der Kristalle beruht auf Schwingungen. Auch alle unsere inneren Organe schwingen in einer bestimmten Frequenz. Den Aussagen zertifizierter Kristallheiler zufolge bringen Steine, die auf den Körper aufgelegt werden, aus dem Gleichgewicht geratene Frequenzen wieder in Harmonie. Dadurch werden Sie quasi neu gestimmt – wie ein Klavier. Die Kristallheilerin Jona Genova erklärt das so:

> Obwohl ihm durchaus auch etwas Magisches anhaftet, ist dieser Vorgang ein höchst wissenschaftlicher. Denn alles besteht aus Schwingungen, selbst ein Tisch, so massiv er auch wirken mag. Diese Schwingungen lassen sich objektiv messen. Und Vibrationen reagieren aufeinander. Die Schwingungsfrequenz von Kristallen ist ziemlich beständig. Und weil Moleküle, wenn sie einander nahe kommen, dazu tendieren, sich gegenseitig zu spiegeln, wirken

diese stabilen Kristalle auf die instabilen Frequenzen im menschlichen Körper ein und bringen sie wieder ins Gleichgewicht. Das heißt, sie heilen bereits, wenn wir uns nur in ihrer Nähe befinden.

Kristallheilung bezeichnen wir auch als »passives Meditieren«, weil man sich dabei vollkommen entspannt und den heilenden Kräften der Steine überlässt, statt sich auf den Atem oder sonst etwas zu fokussieren. Es geht einzig und allein darum, zu fühlen und empfänglich zu sein. Beziehungsweise darum, sich »von den Steinen meditieren zu lassen«, wie es Jona ausdrückt.

In ihren Kursen lässt sie jeden Teilnehmer drei oder vier Steine aussuchen, zu denen er sich intuitiv hingezogen fühlt. Nach einer kurzen geleiteten Meditation legt sie sie den Schülern je nach individuellem Bedarf auf die Chakras (Energiepunkte) auf. Viele berichten von Vibrationen, die sie während des Prozesses spüren, von einem Pulsieren, so etwas wie Energiewellen oder einer Hitze beziehungsweise Kühle, die die Steine ausstrahlen. Und anschließend fühlen sie sich, wie sie sagen, leichter, ausgeglichener, klarer und friedvoller, zugleich aber auch sehr energiegeladen. Das heißt letztlich: so, wie wir alle uns am liebsten ständig fühlen würden.

Sollten Sie keinen guten Kristallheiler in Ihrer Nähe kennen – machen Sie sich nichts draus, Sie können auch selbst aktiv werden. Und zwar so:

1. Suchen Sie sich einen Stein, zu dem Sie sich hingezogen fühlen. Und denken Sie daran: Am besten treffen Sie Ihre Wahl, indem Sie ihn vorher anfassen und erspüren.

2. Nachdem Sie sich für Ihren Stein entschieden haben, dürfen Sie sich gern über die ihm zugeschriebenen Eigenschaften – wie etwa die Förderung von Liebe, Ruhe oder Erdung – informieren.

3. Legen Sie sich hin, und positionieren Sie Ihren Kristall auf dem Bereich Ihres Körpers, von dem Sie das Gefühl haben, dass er ihn am dringendsten benötigt. Sollten Sie sich nicht sicher sein, welcher Bereich das ist, können Sie sich an der Tabelle auf der übernächsten Seite orientieren, um das Chakra zu finden, das am besten mit Ihrem Stein korrespondiert. Falls dieser nicht in der Aufstellung vorkommt, finden Sie die entsprechenden Infos bestimmt im Internet.

4. Entspannen Sie sich, atmen Sie und stimmen Sie sich auf den Kristall ein. Sie brauchen dafür nichts anderes zu tun, als seine Schwingungen in sich aufzunehmen. Sie liegen einfach da, atmen ein und aus und beachten, welche Chakras Sie am meisten spüren. Eines ist häufig dominanter als die anderen (bei mir oft das Kehlchakra). Und dieses braucht höchstwahrscheinlich die meiste Aufmerksamkeit von Ihnen. Lassen Sie dann von allem, worauf Sie bisher geachtet haben, ab, um sich noch tiefer zu

entspannen und zu atmen. Sollten Sie nichts fühlen, ist das auch völlig in Ordnung; um in den Genuss der »Behandlung« zu kommen, müssen Sie
sich ihrer nicht bewusst sein. Damit die Wirkung
am größten ist, sollten Sie mindestens zehn Minuten pro Sitzung einplanen – oder noch besser: dreißig bis sechzig.

Dadurch, dass Sie ein paarmal mit Ihrem Kristall arbeiten, stellen Sie eine Beziehung zu ihm her. Probieren Sie
dann einen anderen Stein aus, und Sie werden die Unterschiede spüren. Lassen Sie es dabei nicht bewenden,
sondern experimentieren Sie immer weiter, bis Sie eine
kleine Sammlung von Lieblingssteinen Ihr Eigen nennen.

Ein Chakrenausgleich mithilfe von Kristallen geht am
einfachsten, indem Sie einen Stein wählen, dessen Farbe
der des jeweiligen Chakras entspricht. Denken Sie einfach an die Farben des Regenbogens – Rot, Orange, Gelb,
Blau, Indigo, Violett –, die sich in der folgenden Aufstellung wiederfinden. Oder aber Sie orientieren sich bei der
Wahl Ihrer Steine an der überlieferten Zuordnung zu bestimmten Chakras – unabhängig von Farben. Einige der
beliebtesten Steine habe ich hier zusammengestellt.

CHAKRA	KÖRPER-STELLE	ENERGIE	FARBE	KRISTALLE
1. Wurzelchakra	Wirbel-säulenbasis	Erdung, Überleben, Schutz	Rot	Hämatit, schwarzer Turmalin, roter Jaspis
2. Sakralchakra	zwischen Nabel und Schambein	Sinnlichkeit, kreative Energie, Mut	Orange	Orangen-kalzit (sanft), Karneol (stark)
3. Solarplexus	Bauch-gegend	persönliche Stärke, Fülle	Gelb	Zitrin
4. Herzchakra	Mitte des Brustkorbs	Liebe, Vertrauen	Grün	Rosenquarz, grüner Aventurin, grüner Serpentin
5. Kehlchakra	Halspartie	Kommunikation, Selbstausdruck	Blau	blauer Achat, Sodalith, Chrysokoll, Lapislazuli
6. Drittes Auge	zwischen den Augen-brauen	Intuition, Ideen, Gedanken, Träume	Indigo	Amethyst
7. Kronenchakra	Scheitel oder leicht darüber	Erleuchtung, höheres Bewusstsein	Violett	Bergkristall, Amethyst

Atemarbeit

Die Leute *lieben* Atemarbeit. Weil sie sich perfekt zum Lösen von Energieblockaden eignet. Und heute weiß ich, was darunter zu verstehen ist! Früher habe ich mich bei dem Wort immer gefragt: *Was für eine Energie denn bloß? Und welche Blockaden?* Mittlerweile ist mir jedoch klar, dass der Körper mitunter Energie speichert und sie nicht wieder abgibt. So ähnlich, wie einem auch die Worte im Hals stecken bleiben können, obwohl man eigentlich laut schreien möchte. Bei der Atemarbeit öffnen Sie quasi die Büchse der Pandora, um sie auszuleeren und unbelastet weiterleben zu können.

Die Entspannung, zu der die Atemarbeit führt, stellt zudem eine gute Vorbereitung auf die Meditation dar. Denn Sie powern sich dabei emotional und körperlich so aus, dass Sie vollkommen still und ruhig werden. Ähnlich wie beim Yoga. Hätten Sie gedacht, dass der ganze Zweck der verschiedenen Asanas darin besteht, Energieblockaden aufzuheben und den Körper so zu erschöpfen, dass man in der Savasana oder Rückenentspannungslage am Ende ganz still und unbewegt sein kann? Genauso ist es aber.

Jetzt möchte ich Jon Paul Crimi das Wort erteilen, einem unserer großartigen Atemarbeiter. Jon Pauls Kurse sind immer sofort ausgebucht, und hinterher schwärmen die Teilnehmer in den höchsten Tönen von seinem Unterricht. Über Natur und Funktionsweise der Atemarbeit sagt er:

Atemarbeit beruhigt unglaublich und eignet sich auch für Leute, denen das stille Dasitzen und Meditieren schwerfällt. Im Grunde funktioniert es wie ein Workout, nur eben mithilfe des Atems. Kurz gesagt, atmet man dabei durch den Mund, und zwar intensiver als gewöhnlich; dies aktiviert das sympathische Nervensystem – die Kampf-oder-Flucht-Reaktion – und versetzt einen unmittelbar in den gegenwärtigen Augenblick. Weil es aber in einem geschützten Umfeld stattfindet, besteht die Wirkung in der Freisetzung von Traumata. Das heißt, dass Dinge an die Oberfläche und zum Ausdruck kommen, von denen man womöglich gar nicht ahnte, dass sie noch vorhanden sind.

Die ersten zehn Minuten Atemarbeit können anstrengend sein, genau wie körperliche Work-outs auch. Einigen wird es bei den ersten paar Malen sogar schwindelig, aber das gibt sich schnell. Ich sage den Leuten immer: »Ihr liegt doch schon, also könnt ihr gar nicht aus den Latschen kippen. Wenn ihr bereit seid, da hindurchzugehen, erwartet euch eine eindringliche, tief greifende Erfahrung.« Diese Arbeit hat unleugbare Wirkungen und Resultate. Was man etwa an einer Äußerung merkt, die ich sehr oft höre: »So eine Sitzung ist wie sonst ein ganzes Jahr Therapie.«

Atemarbeit macht man am besten mit einem erfahrenen Lehrer. Empfehlungen kann man oft in Yogastudios erhalten.

Ich bin ein sehr rational veranlagter Mensch und von Beruf Unternehmensberater. Normalerweise würde ich mir die Zeit zum Meditieren nicht nehmen. Aber wie ich zugeben muss, hat mich mein Arzt dazu verdonnert. Weil ich so viel Stress und auch einen sehr hohen Cholesterinspiegel hatte. Als ich dann beschloss, einen Heilpraktiker aufzusuchen, statt Medikamente zu nehmen, hat mein Leben eine entscheidende Wendung genommen. So kam ich nämlich zu meinem ersten Atemarbeit-Kurs – und bin seither süchtig danach. Eine bessere Droge gibt es nicht!
TED, 50, UNTERNEHMENSBERATER

Klangbäder

Sollten Sie noch nie ein Klangbad genommen haben, wird es aber höchste Zeit!

Denn es handelt sich um ein ausgesprochen tief gehendes meditatives Erlebnis, bei dem Ihnen Gongs, Glocken, Klangschalen und Trommeln zu einer allumfassenden Erfahrung verhelfen, und die liebe ich einfach. Der ganze Mensch wird dabei in Klängen gewiegt, buchstäblich gebadet, was sich unglaublich behaglich und beruhigend anfühlt. Einfach nur dazuliegen und die Schwingungen überall am Körper abzubekommen – das vertreibt Stress sofort.

Samstagabends haben wir das Glück, dass Guy Douglas, einer der Besten seines Fachs, bei *Unplug* ein Klangbad gibt. Bei diesen Wahnsinnsveranstaltungen ist der Raum immer rappelvoll; zu gern lassen sich die Leute aus dem Kopf herausbringen und tauchen tief in die heilenden Sound-Vibrations ein.

Guy erklärt:

Ein Klangbad stellt eine innere Erfahrung dar, bei der mithilfe von Tönen das Geplapper im Kopf ausgeschaltet und der meditative Nullpunkt erreicht wird. Die NASA hat den Sound des Weltalls aufgenommen, und ganz ähnlich hören sich die Gongs und Klangschalen an, die einen mit dieser unbegrenzten Urenergie in Einklang bringen. Sie transportieren uns auf eine sehr tiefe Ebene des bloßen Seins, und für Leute, die noch nicht oft meditiert haben, ist das eine ganz großartige Erfahrung. Diese harmonischen Schichten von Schwingungen heben einen aus dem Geist des Egos heraus und bringen uns in Kontakt mit unserem wahren Selbst. Sie pusten die Kanäle ordentlich durch und befreien uns von allem Alten und Abgestandenen, sodass wir zu unserer inneren Weisheit und zu unserer Wahrheit vordringen können, wie immer diese für den Einzelnen auch aussehen mögen. Das hört sich crazy an, ist aber so! Klangbäder heilen auch. Schon seit Jahrtausenden wird Musik ja in Kulturen überall auf der Welt zu Heilzwecken eingesetzt, denken wir nur an Kirchenglocken oder die Trommeln der Ureinwohner Amerikas. Und die Töne und Frequenzen eines Klangbads erzeugen angenehme Schwingungen, die uns auf Zellebene tief berühren.

Viele Yogastudios bieten Klangbäder an, eigentlich in jeder größeren Stadt. Man muss aber vorsichtig sein, denn unter den Anbietern gibt es auch schwarze Schafe. Wichtig ist: Ein Klangbad sollte immer beruhigend und nie schrill oder misstönend sei. Das mag ich an Guy so besonders: Er ist ein guter Musiker und donnert nicht einfach auf irgendwelchen Instrumenten herum und dröhnt einem die Ohren voll. Am besten informieren Sie sich eingehend, bevor Sie sich für einen Anbieter von Klangbädern entscheiden.

Meditation für Kinder

Sich darüber zu informieren und die positiven Effekte des Meditierens an sich selbst zu beobachten ist das eine. Es aber bei Kindern zu erleben ist noch einmal etwas ganz anderes.

Still dazusitzen und zu atmen ist nichts, womit man Kinder hinterm Ofen hervorlocken kann, die meisten wird man schon dazu überreden müssen. So, wie ich es mit meinen Jungs auch getan habe. Aber es war eine meiner besten Maßnahmen als Mutter, muss ich sagen. Alle drei haben sich zwar zunächst nur widerstrebend darauf eingelassen; als sie dann aber schließlich saßen und meditierten, mochten sie es (da ging es ihnen also nicht anders als vielen Erwachsenen, die ich kenne, auch). Ob sie es jetzt täglich tun? Beileibe nicht. Aber sie wissen genau, wie es geht, und meditieren nach Bedarf, um runterzukommen. Wenn ich meinen Sohn früher aufgefordert habe, die Xbox abzustellen, hat er einen Wutanfall bekommen und mit der Fernbedienung nach mir geworfen. Heute atmet er dreimal tief durch und verzieht sich. Was doch viel besser ist als fliegende Elektronik, oder etwa nicht?

Ich habe Laurie Cousins, die bei *Unplug* die Kinderkurse gibt, gebeten zu erläutern, warum das Meditieren für Kids so gut ist. Sie drückt es folgendermaßen aus:

> Das Meditieren kann Kindern helfen, ihre Emotionen zu steuern, nicht so impulsiv zu sein und sich besser zu konzentrieren. Sie lernen dabei, wie sie atmen müssen, wenn sie Angst haben, und auch den Umgang mit Aggressivität. Das Verhältnis zu ihrem Körper verbessert sich, und sie kommen mehr in Kontakt mit ihrem Herzen. Sie entwickeln

größere Freundlichkeit und Verbundenheit sich selbst und anderen gegenüber, was sich positiv auf ihre zwischenmenschlichen Beziehungen auswirkt.

Besonders hilfreich ist das Meditieren ab der Mittelstufe. Dann lernen sich die Jugendlichen selbst besser kennen und können ein gesünderes Selbstvertrauen entwickeln. Auch werden sie sich ihrer inneren Selbstgespräche bewusst, was sehr wichtig ist. Je besser das Verhältnis wird, das die Jugendlichen zu sich selbst haben, desto empfänglicher sind sie für ihre persönliche innere Weisheit und die eigenen Erkenntnisse. Entsprechend können sie sich dann auch so verhalten, dass es ihnen guttut, und hängen nicht willenlos an irgendwelchen Gewohnheiten, bei denen das nicht der Fall ist.

Ich beobachte es immer wieder, dass Kids sich angesichts schwieriger Situationen in sehr gesunder Art und Weise auf sich selbst beziehen, statt Dummheiten anzustellen, weil sie nicht klarkommen. Bei all den Stressoren, Strukturen und Erwartungen, mit denen die Jugendlichen heutzutage konfrontiert sind, ermöglicht die Meditation es ihnen, etwas Tempo rauszunehmen, um die jeweilige Situation zu analysieren und zu schauen, wie sie am sinnvollsten damit umgehen.

Zwei »Tricks« gibt es, mit denen man Kinder zum Meditieren bringen kann. Der erste: indem man es ihnen vorlebt. Laurie sagt dazu: »Unser Tun ist für Kinder entscheidender als das, was wir sagen. Wenn sie sehen, dass wir innehalten, um zu atmen und in aller Stille etwas zu tun – oder auch nur ganz bewusst eine Sache nach der anderen angehen –, beobachten sie das und wollen es nachmachen. Versuchen wir dagegen, ihnen irgendetwas überzustülpen, spüren sie die Absicht und verweigern sich.«

Der andere »Trick« besteht darin, das Meditieren so zu gestalten, dass es Spaß macht. Deshalb könnten Sie es mit geführten Meditationen versuchen oder auch mit einer Geh-Meditation, wenn Ihre Kids besonders energiegeladen sind. Denn in den Ohren der meisten Mädchen und Jungen hören sich Worte wie *Ruhe* und *Stille* nach Folter an. Aber es gibt eine Menge Meditationen für Kinder, und hier sind für den Anfang meine liebsten drei:

Meditation mit Marmeladenglas

Diese Meditation bietet eine tolle Möglichkeit, den Kids zu veranschaulichen, wie ihr Hirn arbeitet, wenn es aufgewühlt ist oder wenn darin Ruhe herrscht. Außerdem glitzert dabei etwas und ist sinnlich erfahrbar, was die meisten Kinder toll finden. Und so geht's:

1. Füllen Sie Wasser und Glitter in ein Marmeladen- glas. Ich persönlich mag Pink am liebsten, aber es geht auch jede andere Farbe, die Ihrem Kind ge- fällt. Verschließen Sie das Glas danach gut.
2. Erklären Sie Ihrer Tochter oder Ihrem Sohn, dass das Marmeladenglas den Geist darstellt und die Glit- zerpartikel Gedanken und Gefühle repräsentieren.
3. Schütteln Sie das Glas und erläutern Sie, dass es im Kopf so aussieht, wenn man zornig, in Eile oder ge- stresst ist.
4. Dann bitten Sie Ihr Kind, zusammen mit Ihnen ganz langsam ein- und auszuatmen, und zeigen ihm, dass sich dabei alles setzt und klar wird – ge- nau wie das Wasser in dem Marmeladenglas.

Zur Beruhigung

Diese Meditation stammt von Susan Kaiser Greenland, der Autorin des hochgelobten Buches *Wache Kinder: Wie wir unseren Kindern helfen, mit Stress umzugehen und Glück, Freude und Mitgefühl zu erleben*. Susan gilt als eine der führenden Lehrkräfte auf dem Gebiet der bewussten Achtsamkeit bei Kindern und Jugendlichen. Die folgende Meditation ist Teil ihres gefeierten »Inner Kids«-Programms und stellt eine raffinierte Methode dar, Ihr Kind dazu zu bringen, dass es seine Atmung verlangsamt und sich beruhigt:

1. Bitten Sie Ihr Kind, sich vorzustellen, es stehe in einem herrlichen Rosengarten und schnuppere an den Blüten. Dabei soll es so langsam einatmen wie nur möglich.
2. Dann fordern Sie Ihr Kind auf, mit ausgestrecktem Arm den Zeigefinger gerade hochzuhalten. Dabei soll es sich vorstellen, der Finger sei eine Kerze, deren Flamme es nun gelte, zum Flackern zu bringen. Es geht nicht darum, sie auszublasen, sondern so langsam und weich wie möglich auszuatmen.

Diesen Vorgang des Ein- und Ausatmens wiederholen Sie zehnmal. Danach wird sich Ihr Kind schon ganz anders fühlen.

Gute-Nacht-und-schlaf-schön-Meditation

Diese ebenfalls von Susan Kaiser Greenland entwickelte Meditation unterrichtet Laurie Cousins, die Leiterin unserer Kinderkurse, sehr gern. Die Übung nimmt dem Zubettgehen den damit verbundenen Stress und erzeugt eine abendliche Routine, auf die Kinder gut ansprechen. Nach drei Minuten werden die meisten ganz wie von selbst müde und schläfrig.

1. Bitten Sie Ihr Kind, sich sein Lieblingsstofftier zu nehmen.

2. Sobald Ihr Kind im Bett liegt, legen Sie ihm das Ku-
   scheltier auf den Bauch.
3. Das Kind soll nun die Auf- und Abbewegungen des
   Tierchens beobachten, die beim Ein- und Ausatmen entstehen. Und während es sich auf sein Spielzeug fokussiert und atmet, treten alle Gedanken
   und Sorgen des Tages völlig in den Hintergrund.

Das ultimative Geheimnis des Meditierens

Sie möchten wissen, ob es eine Möglichkeit gibt, dass Sie Ihre Praxis auf die nächste Ebene heben … tiefer und tiefer gehen … in die Weite Ihrer Seele eintauchen, mehr Zugang zu Ihrem höheren Bewusstsein finden können, als Sie es je erlebt haben? Ja, diese Möglichkeit gibt es. Sie liegt in einem Geheimnis, das Weise, Mönche und Yogis seit jeher kennen. Es stellt den einen Schritt dar, der ihre Praxis zu etwas atemberaubend Besonderem macht. Und dieses Geheimnis werde ich jetzt mit Ihnen teilen.

Bereit?

Nun, Sie müssen einfach öfter und länger meditieren.

Ja, genau. Das ist alles.

Von seinen Schülern wird Davidji ständig nach einer »Meditationstechnik für Fortgeschrittene« gefragt, und er antwortet immer wieder nur: »Aber die kennt ihr doch längst.« Und tatsächlich, tiefer und weiter kommen Sie nur, wenn Sie weiter*machen*. Indem Sie an Ihrer

Praxis festhalten und bloß ein wenig länger und häufiger meditieren.

Entscheidend ist das Durchhaltevermögen. Ich weiß schon, wie leicht es sein kann aufzuhören, besonders wenn die positiven Ergebnisse erreicht sind, die einen ursprünglich dazu bewogen haben, mit dem Meditieren überhaupt anzufangen. Aber ich weiß auch, wie schnell man dann wieder in die alten Gewohnheiten verfällt. Also bleibe ich dabei, denn die Resultate sind es eindeutig wert. Wenn ich meditiere, ist einfach alles besser.

Schon kurze tägliche Sitzungen bringen viel, und je länger Sie sitzen, desto intensiver und erfüllender gestaltet sich Ihr Leben. Bereits fünf Minuten können Ihren ganzen Tag tief greifend verändern. Doch wenn es ums Meditieren geht, muss man wirklich sagen: Es kommt durchaus auf die Länge an. Versuchen Sie es mit zehn Minuten, sobald Sie sich an die fünf gewöhnt haben. Oder mit zwanzig. Oder mit einer Dreiviertelstunde. Sie können sogar noch einen Schritt weiter gehen und sich zu einem Meditations-Retreat anmelden. Ich habe einmal eines gemacht, und wow, hat mich das verändert! Gar nicht in Worte zu fassen!

Um auf zwanzig Minuten zu kommen, arbeiten Sie sich am besten systematisch vor. Vielleicht mit unserer 28-Tage-Meditations-Challenge? Sie geht so:

Woche eins: täglich eine bis fünf Minuten
Woche zwei: täglich fünf bis zehn Minuten

Woche drei: täglich zehn bis fünfzehn Minuten
Woche vier: täglich fünfzehn bis zwanzig Minuten

Einen Monat lang täglich zu meditieren transformiert das Gehirn und damit auch Ihre gesamte Lebenswelt. Ob dadurch alle Probleme gelöst werden? Nein. Aber Sie werden so mit ihnen umgehen, dass sie an Bedeutung verlieren. Sie werden sich jederzeit innerlich in Urlaub schicken können und zu Ihrer Leidenschaft, Ihrem Lebenssinn und zu innerem Frieden finden. Was macht Sie glücklich? Was müssen Sie loslassen? Warum sind Sie hier? Wie möchten Sie leben? Die Antworten auf diese Fragen erhalten Sie, wenn Sie abschalten, sich still hinsetzen und meditieren.

Schalten Sie also ein paar Minuten lang täglich ab … und dann ein paar mehr … und noch mehr. Und so machen Sie einfach weiter. Ja, genau so!

Quellen

Wenn Sie mehr über *Unplug* und die Meditationen in diesem Buch erfahren möchten, besuchen Sie bitte unsere Website unplugmeditation.com. Dort finden Sie Videos, Tutorials, Blogposts, Produkte und mehr. Und sollten Sie einmal in Los Angeles sein, würde ich mich freuen, Sie in unserem Studio begrüßen zu dürfen.

Dank

Mein erstes Dankeschön geht natürlich an meine Mutter Ina Yalof, die mir immer versichert hat, dass ich alles schaffen könne, was ich mir vornehme. Bloß dieses Buch nicht. Als ich ihr von meinem Vorhaben erzählte, sagte sie – die selbst immerhin vierzehn Bücher geschrieben hat –, das ginge doch nicht, jedenfalls nicht allein, nicht ohne Hilfe. Nicht mit Mann, drei kleinen Kindern und meinem aufstrebenden Unternehmen. Also machte sie mir ein Geschenk: Sie stellte mich nämlich ihrem legendären Literaturagenten Richard Pine vor, und der leitete alles Weitere in die Wege.

Wenig später traf sich Richard zum Essen mit der Lektorin meines ersten Buches (*Getting Over John Doe*), die ihm vorschlug, mein Projekt in die Hände ihrer talentierten, einfühlsamen Kollegin Diana Baroni zu legen, der die Idee gefiel und deren Enthusiasmus daraus ein Traumprojekt für mich machte. Was habe ich mit Diana für einen Dusel gehabt! Doch damit noch nicht genug. Der nächste Glücksfall war, dass mich Richard mit der begabten Autorin Debra Goldstein zusammenbrachte, die zu meiner Co-Autorin und neuen besten Freundin wurde. Im Verlauf des Jahres, in dem wir an diesem Buch arbeiteten, nahmen Debra, die nie zuvor meditiert hatte, und ich an diversen Meditationskursen teil, hörten uns zahlreiche Podcasts an und wechselten unzählige E-Mails. Letztlich ist Debra zu einer engagierten Meditierenden geworden und konnte mich deshalb bei der Schaffung eines Buches, das die Bedürfnisse von Anfängern bestmöglich erfüllt, ganz hervorragend unterstützen.

Doch dazu hätte es ohne die Liebe und das Engagement vieler toller Personen nie kommen können. Die erste war meine Schwiegermutter Linda Schwartz, die mir das Atmen, Visualisieren und Zur-Ruhe-Kommen demonstrierte – alles innerhalb weniger Minuten. Meine liebe Freundin Jennifer Schiff half mir an unserem Küchentisch mit dem Businessplan und fand sogar den Namen für das Studio: *Unplug*. Als unverzichtbar erwiesen sich auch die Anregungen des Kultyogis Steve Ross – Autor des Buches *Happy Yoga* und Besitzer von Maha Yoga in L.A. –, meinem Meditations- und Business-Guru. Steves Philosophie des »Würden nur mehr Menschen meditieren, wäre es viel besser um die Welt bestellt« ist seither mein Mantra und der eigentliche Grund, warum ich das alles überhaupt tue.

Mein tiefst empfundener Dank geht an die folgenden Personen, die mich geleitet, mich gelehrt und mein Leben in so vielerlei Hinsicht verändert haben, dass ich es nicht einmal annähernd zum Ausdruck bringen könnte:

Olivia Rosewood, Davidji, Natalie Bell, Deepak Chopra, Mallika Chopra und Megan Monahan. Dank auch an die *Unplug-* und Gast-Meditationslehrer, die einen Beitrag zu diesem Buch geleistet haben: Susan Kaiser Greenland, Laurie Cousins, Scott Schwenk, Johnny O'Callaghan, Lauren Eckstrom, Tracee Stanley, Sara Ivanhoe, Lina George, Amy Budden, Harry Paul, Heather Hayward, Jona Genova, Guy Douglas, Kelly Barron, Danielle Beinstein, Jon Paul Crimi, Ben Decker, Camilla Sacre-Dallerup, Jane Garnett, Christina Huntington, David Elliott, Carrie Keller, Paul Teodo, Sherly Sulaiman, Lili Pettit, Ali Owens, Donna D'Cruz, Dr. Stefanie Goldstein, Ananda Giri, Jessica Snow, Laura Conley, Angela Whittaker, Light Watkins, Arianna Huffington, Agapi Stassinopoulos, Danna Weiss, Dean Sluyter, Dr. Belisa Vranich, Felicia Tomasko, Jonathan Beaudette, Kristen Luman, Aimee Bello, Peter Oppermann, Sally Kempton. Dankbar bin ich auch der Neurowissenschaftlerin Sara Lazar und der Kardiologin Tamara Horwich von der UCLA für ihre medizinisch-wissenschaftlichen Erkenntnisse, die sie mit mir geteilt haben.

Wann immer ich unter Termindruck litt, hat mein *Unplug*-Team übernommen. Danke: Lisa Haase, Deborah Brock, McKayla Matthews, Sheryl Seifer, Suzy Shelton, Katie Burton, Charlie O'Connor, Anjani Joshi, Chelsea Scerri, Joe Chambrello, Gola Rakhshani, Scott Ishihara, Shannon Estabrook, Shayne Collins, Yaron Deskalo, Casey Altman und Brendan Walters.

Ein großes Dankeschön geht natürlich auch an meine Freundinnen, Freunde und Angehörigen, die das Ihre zur Entstehung dieses Buches beigetragen haben: Leslie Garfield, Stephen Yalof, Liora Yalof, Arthur Schwartz, Clarissa Potter, Ken Schwartz, Janie Liepshutz, Robin Berman, Christine Bernstein, Sam O'Conner, Lulu Powers, Inge Fonteyne, Heidi Krupp, Julie Rice, Elisabeth Cutler, Amy Peck, Lee Ann Sauer, Lisa Hersh, Beryl Weiner, Julia Cramer und Christie Lowe. Dir, Emma Krasner, danke ich dafür, dass du mir deine Mom ein Jahr lang ausgeliehen hast.

Ein besonderer Gruß geht an meinen CEO im Himmel, Herb Yalof. Dad, wärest du noch auf dieser Erde, hätte ich mich wahrscheinlich nie auf die Suche nach dem Sinn des Lebens begeben müssen.

Dank schließlich an meinen Ehemann Marc, den achtsamsten Menschen, den ich kenne. Du erdest mich so, dass ich nie in Gefahr gerate, mich allzu weit ins Universum vorzuwagen. Ich bin ja so dankbar, dass du nicht nur Teil meines Teams bist, sondern es sogar anführst. Und meinen drei Zwergen Austin, Tyler und Cooper, die mich mit Ausnahme des Letzteren inzwischen längst überragen, sage ich: Danke dafür, dass ihr so klug, wild, verrückt, witzig und liebevoll seid. Und der Grund dafür, warum ich das alles überhaupt angefangen habe.

Über die Autorin

Suze Yalof Schwartz ist die Be-
gründerin und Geschäftsführerin des renommierten Meditationsstudios *UNPLUG* in Los
Angeles. Zuvor arbeitete sie
jahrelang als Moderedakteurin
und Geschäftsführerin für die
Vogue, *Elle*, *Marie Claire* und
Glamour. Ihre jetzige Lebensaufgabe ist es, Meditation so

© Brigitte Lacombe

einfach, kraftvoll und lebendig zu vermitteln, dass jeder
auch ohne Vorkenntnisse die positiven Effekte sofort
nutzen kann.

Das Hörbuch mit Esther Schweins

»Mediation reduziert auf das, was sie ist – das ist genau das Buch, das ich selbst gern geschrieben hätte!« *Esther Schweins*

978-3-8371-4303-4

Mit 15 angeleiteten Meditationen
ca. 3 Std. 45 Min, auf 3 CDs und als Download